FICHA CATALOGRÁFICA

(Preparada na Editora)

L97u Lúcio, Antonio 1943-
      Uma luz dentro da noite / Antonio Lúcio, Espírito Luciano Messias. Araras, SP, 1ª edição, IDE, 2013.
      224 p.
      ISBN 978-85-7341-591-9
      1. Romance 2. Espiritismo 3. Psicografia. I. Título.

CDD -869-935
-133.9
-133.91

Índices para catálogo sistemático
1. Romance: Século 21: Literatura brasileira 869.935
2. Espiritismo 133.9
3. Psicografia: Espiritismo 133.91

UMA LUZ DENTRO DA NOITE

ISBN 978-85-7341-591-9
1ª edição - maio/2013
5.000 exemplares

Copyright © 2013,
Instituto de Difusão Espírita - IDE

Conselho Editorial:
Hércio Marcos Cintra Arantes
Doralice Scanavini Volk
Wilson Frungilo Júnior

Projeto Editorial:
Jairo Lorenzetti

Capa:
César França de Oliveira

Revisão de texto:
Mariana Frungilo

Diagramação:
Maria Isabel Estéfano Rissi

INSTITUTO DE DIFUSÃO ESPÍRITA - IDE
Av. Otto Barreto, 1067 - Cx. Postal 110
CEP 13600-970 - Araras/SP - Brasil
Fone (19) 3543-2400
CNPJ 44.220.101/0001-43
Inscrição Estadual 182.010.405.118
www.ideeditora.com.br
editorial@ideeditora.com.br

Todos os direitos reservados. Nenhuma parte desta publicação pode ser reproduzida, armazenada ou transmitida, total ou parcialmente, por quaisquer métodos ou processos, sem autorização do detentor do copyright.

Antonio Lúcio
espírito Luciano Messias

UMA LUZ DENTRO DA NOITE

ide

AGRADECIMENTO

Senhor Amado!

Agradecemos pela vida,
Pela paz e pelo amor...
Pela bênção de cada dia,
Pela união da família,
Muito obrigado, Senhor.

    Pelo corpo que nos deste
    Perfeito ou cheio de dor...
    Pela mão que nos ampara,
    Pela doença que não sara,
    Muito obrigado, Senhor.

Pelas belezas do mundo
O jardim, que nos dá a flor...
Por tudo que nos alimenta,
Pela fonte que dessedenta,
Muito obrigado, Senhor.

    Agradecer é simples demais
    E por isso, com todo amor...
    Peço desculpas se ainda insisto,
    Muito obrigado, pois eu existo,
    Muito obrigado, Senhor!

SUMÁRIO

	APRESENTAÇÃO	11
1.	PORTO ESPERANÇA	15
2.	A FAMÍLIA SOARES	25
3.	UM CASO COMPLICADO	35
4.	A ULTRASSONOGRAFIA	45
5.	NOVAS LUTAS	55
6.	A VINGANÇA	65
7.	A ASSISTÊNCIA	77
8.	O DESESPERO DE UMA MÃE	87
9.	O DESENLACE	99
10.	O APRENDIZ	111
11.	A TERAPIA DO TRABALHO	121
12.	A AJUDA	133
13.	CONTINUANDO O RELATO	145
14.	UNINDO ESFORÇOS	155
15.	A COLHEITA	165
16.	GRATIDÃO	177
17.	O AUXÍLIO	187
18.	UM SER ESTRANHO	199
	EPÍLOGO	211

APRESENTAÇÃO

ONDE O AMOR SE FAZ PRESENTE, A MALDADE NÃO TEM VEZ E, POR CONSEQUÊNCIA, O IMPÉRIO DA paz será o prêmio de quem o possuir. O mesmo acontece com a luz, afinal, ninguém poderá culpar as trevas se andar descuidadamente e tropeçar. Foi, por isso, que disse Jesus: *Eu sou a Luz do Mundo; quem me segue não andará nas trevas, pelo contrário, terá a luz da vida.* (João, 8:12).

Nos dias de hoje, a sociedade reclama do mundo violento, da injustiça acentuada, do egoísmo exacerbado e de uma série de acontecimentos que tanto infelicita a humanidade. No entanto, poucos

APRESENTAÇÃO

procuram iluminar a mente com a luz do Evangelho, esquecendo-se da amorosa figura do Mestre na cruz de seu martírio. E ainda há os que acham os ensinamentos de Jesus difíceis de serem seguidos. Foi por isso que o nosso mundo se transformou num caos, e a culpa é do próprio homem...

Jesus renunciou aos Páramos Celestes, durante alguns decênios, para ensinar, na prática, como é que se deve amar a Deus: amando o semelhante e não apenas decorando as palavras do Evangelho, pois as palavras contidas nesse Código Maravilhoso continuarão sendo apenas palavras, enquanto o homem de boa vontade não as transformar em ações edificantes.

Muitos vivem uma existência inteira dentro de uma religião, mas, a rigor, sem ter a religião dentro de si, sabemos que a religião que não transforma o homem para melhor, não cumpre a sua finalidade e é, por isso, que há sempre um número crescente de pessoas trocando de religião.

Mudar de religião não basta se a criatura não mudar suas atitudes e se não viver, cotidianamente, os ensinamentos de Jesus. É necessário que as criaturas do mundo vivam o amor em sua plenitude, pois *a religião do Cristo é o Amor*.

Na atualidade, em qualquer parte do mundo, aparecem livros religiosos quase que diariamente. É um sinal de que a fonte inesgotável do amor de Deus está jorrando para dessedentar as criaturas que, por desconhecerem a verdade, complicam-se diante da multiplicidade de problemas. Um novo livro nem sempre traz ensinamentos novos, mas sim, ensinamentos já esquecidos, que o homem, infelizmente, ainda não incorporou em sua vivência diária. É o caso do nosso despretensioso UMA LUZ DENTRO DA NOITE.

Nele, o leitor não encontrará fórmulas mágicas com as quais possa resolver todos os seus problemas, afinal, a excelência de qualquer aprendizado dependerá, não apenas da eficácia teórica, mas, em particular, do esforço do educando.

Assim, qualquer forma de remuneração somente virá após a conclusão da tarefa; todo legado, inerente ao Espírito imortal, só virá com o esforço contínuo e perseverante.

APRESENTAÇÃO

    Leitor amigo, nosso maior desejo é transmitir-lhe palavras de ânimo, encorajando-o a seguir o caminho indicado pelo nosso Amado Mestre Jesus.

    Agradecendo-lhe pela preciosa atenção, desejamos Paz e Luz em todos os seus caminhos.

ANTONIO LÚCIO

1

PORTO
ESPERANÇA

A PAISAGEM MARAVILHOSA ERA DE CAUSAR ADMIRAÇÃO E ENCANTAMENTO A QUALQUER OBSERVADOR, capaz até de incitar o desejo de algum gênio dos pincéis a retratá-la. Ao fundo, algumas montanhas de baixo-relevo se assemelhavam a duas cortinas que, ao se abrirem, deixavam em destaque um belíssimo quadro, mostrando uma queda d'água, que mais parecia um véu de noiva.

No magnífico quadro, cinco construções antigas, bem conservadas, ostentavam-se majestosamente e se destacavam pelo estilo arquitetônico, e poder-se-ia dizer que o seu idealizador introduzira nesses prédios um acentuado gosto pelo estilo gótico. As belas construções formavam um quadrado, tendo, ao centro, um prédio maior, onde funcionava a administração daquele pouso acolhedor, denominado Porto Esperança.

Rodeando as belíssimas e imponentes construções, pequenas casas de moradias se espalhavam em espaços regulares, parecendo um dos populosos bairros da Terra.

Circundando as cinco construções, relvas variadas e macias cobriam o solo onde o suave ciciar dos ventos acariciava as folhas das frondosas árvores. O matiz das cores, de variados entretons, dava um toque de magia ao ambiente, enquanto a doce fragrância das flores era motivo suficiente para se pensar na grandiosidade do Criador que, agraciando o devotamento daquelas almas dedicadas ao bem, prodigalizou a exuberância daquele belíssimo jardim.

Porto Esperança, no sentido mais amplo, era o ancoradouro de muitos Espíritos que, por imprevidência, perderam-se nas brumas do grande mar da vida, sendo o pouso acolhedor, sempre pronto a receber e dar alívio às infelizes criaturas que andaram descuidadas pelos caminhos do mundo.

Quatro equipes estavam sob o comando geral de Domingos de Oviedo, uma das entidades fundadoras de Porto Esperança. Duas delas davam o melhor de si nas dependências do hospital daquela colônia. A terceira era composta por estagiários e iniciantes em enfermagem que, com dedicação e amor, cobriam folgas ou qualquer impedimento dos efetivos de cada turno. A quarta equipe, os **Amigos da Luz,** era externa, isto é, desempenhava um altruístico trabalho em favor dos encarnados na Terra, desde que tivessem merecimento para receberem ajuda.

Oviedo foi um homem importante e bastante influente na Espanha no início do século XV. De índole pacífica e coração magnânimo, era o arrimo dos injustiçados e oprimidos, naquele século de enormes violências e opróbrios, diante dos desmandos inquisitoriais reeditados, por ordem de Isabel de Castela e Fernando de Aragão.

Reencarnou-se, por duas vezes, em solo brasileiro, quando cooperou na pacificação entre o homem branco e os índios, desempenhando, assim, com seu espírito humanitário, um trabalho benéfico em favor da pátria brasileira. Em sua última existência terrena, foi abnegado médico, esmerando-se na meritória arte de curar e atender os desvalidos da sorte.

Ao retornar à Pátria Espiritual, Oviedo fez parte de uma operosa equipe, que acolhia as criaturas que se desprendiam dos laços carnais em situações difíceis, geralmente, em grandes conflitos e calamidades. Depois, comandou por muitas décadas a equipe *Luz Divina*, dedicando-se de boa vontade ao sagrado mister de aliviar o sofrimento alheio. Aí, então, o iluminado Espírito começou a acalentar o sonho de fundar, nas imediações da crosta terrestre, uma casa de socorro e, após obter a autorização, com denodo e persistência, partiu do sonho à realidade.

Em Porto Esperança, o Hospital Amor Fraterno, além de médicos especializados, mantinha em suas equipes, enfermeiros capacitados, socorrendo mentes que se destrambelharam ao longo do tempo, devido aos desvarios cometidos. Verdadeiros técnicos trabalhavam em aplicações de socorro à distância, com métodos tão avançados, que a Medicina terrena ainda nem sonha com a existência. Assim, em qualquer emergência, esses abnegados técnicos podiam observar com clareza e dar o seu valioso concurso à equipe externa.

Numa noite de quinta-feira, obedecendo à programação preparada por Domingos de Oviedo, a equipe comandada por Estefânio se dirigiu ao agreste brasileiro a fim de ajudar Severino Bezerra. Era pouco mais de meia-noite, e os moradores do casebre visitado dormiam profundamente. Nas noites anteriores, Severino, com os pulmões totalmente tomados pelo bacilo de Koch[1], tossira tanto que ninguém conseguira dormir. O pobre homem, que tivera a infelicidade de contrair a tuberculose na câmara fria de um grande frigorífico, em seu último emprego, ali estava, servindo de pasto aos bacilos destruidores.

---

1. KOCH: Robert Koch, médico e microbiologista alemão; descobridor do bacilo da tuberculose.

Por não ter atingido ainda o tempo previsto para o seu desprendimento carnal, Oviedo enviou Kalil e Hermínio, desde a manhã, para sustentá-lo, até a chegada da equipe socorrista. Kalil e o companheiro, ao observarem o estado desesperador do tísico, ficaram condoídos e, por diversas vezes, aplicaram passes magnéticos sobre o doente. Todavia, a insistente tosse, provocada pelas secreções traqueais, deixava-o em completa prostração.

Ao perceberem que, apesar da aplicação fluídica, obtida através do passe, o enfermo pouco melhorara, solicitaram o concurso amigo de um dos técnicos do Amor Fraterno e, imediatamente, Teodomiro entrou em ação. Dentro de poucos segundos, o referido técnico, isolando-se em uma sala especial, enviava, através da telecinesia[2], fluidos impregnados de amor, e poções balsâmicas para o alívio do doente.

Severino Bezerra, aprisionado num corpo

---

2. TELECINESIA: Faculdade que permite mover um objeto à distância sem tocá-lo, em virtude do poder especial de seu operador.

esquelético, tendo os principais órgãos do sistema respiratório perfurados como peneira, ressarcia uma antiga dívida, adquirida há séculos.

Na época da inquisição espanhola, o pobre Severino andou extrapolando o poder a ele confiado pelo Santo Ofício, porém, os infalíveis olhos de Cronos, deus do tempo, registraram a sequência desastrosa de atrocidades do membro inquisitorial e agora, o antigo inquisidor, no reverso da moeda, sentia os vermes lhe corroerem os bofes, como se diz vulgarmente.

Na atual existência, o ex-empregado do frigorífico sentia na pele os mesmos horrores que sentiram famílias inteiras nas fétidas e escuras prisões por ordem dos maiorais da Igreja. Tivera outras existências entremeando a do século XV e a atual, mas em nenhuma conseguira eliminar todos os vestígios dos descalabros cometidos outrora.

Era alta madrugada, quando os **Amigos da Luz** adentraram o rústico e humilde casebre, onde o pobre Severino, semiliberto do corpo físico, debatia-se em terríveis pesadelos. Sob a aura dos iluminados mensageiros pôde sentir, de imediato, algo diferente e, assustado, reajustou-se ao casulo carnal.

A equipe se acercou de seu leito e, sob o influxo das mãos de Estefânio, o pobre se aquietou, experimentando um grande alívio. Enquanto o chefe da expedição socorrista e mais Aloísio aplicavam energias revitalizantes, através de fluidos magnéticos, os outros membros da equipe rodearam a moradia de Severino e neutralizaram duas entidades obsessoras que se constituíam em verdugos do infeliz doente e que se mantinham escondidas num canto da pequena cozinha.

As infelizes criaturas, assonorentadas devido ao efeito dos fluidos magnéticos aplicados pelos integrantes da equipe, seriam levadas até ao Hospital Amor Fraterno, onde receberiam o tratamento adequado e, mais tarde, após se prepararem, retornariam ao mundo terreno, dando sequência à evolução espiritual de cada um.

Com a presença de todos ao redor do leito do enfermo, o chefe da equipe socorrista orou fervorosamente ao Pai Celeste, rogando as bênçãos divinas em forma de energias, para que o pobre Severino tivesse forças para cumprir todo o seu tempo de estágio na face da Terra.

Quando retornavam ao hospital, Inocêncio, um novo integrante da equipe, perguntou:

— Irmão Estefânio, como pode isso acontecer? Se já não bastasse a invasão destruidora dos bacilos, assenhoreando-se dos pulmões de Severino, por que é permitida a presença de Espíritos trevosos a vampirizar as últimas energias de seu corpo debilitado e indefeso?

— Vamos por partes, Inocêncio. Cada indivíduo, quer seja encarnado ou livre dos liames da matéria, tem o seu livre-arbítrio. Esse atributo, Deus, em sua grandiosa sabedoria, não retira de nenhuma de suas criaturas. Deus quer ajudar os seus filhos, mas esses têm que se colocar em condições de serem ajudados. Os obsessores, em questão, nada mais são do que as vítimas da inquisição exigindo justiça, pois não o perdoaram e, mantendo uma vinculação constante, descarregam sobre ele todo o ódio que os seus desejos de vingança comportam. Aos que desconhecem os benefícios do perdão e partem para o desforço pessoal, através da vingança, anos ou séculos de sofrimento estarão reservados. Cada ser, na Terra ou no além, atrai para junto de si, aquilo que cultiva.

A subida da equipe assistencial para o Hospital Amor Fraterno mais parecia cintilantes estrelas, deslizando sob o céu azulado... O novo dia, embora para a equipe socorrista tivesse começado à meia-noite, para os seres encarnados na Terra não demoraria a chegar, pois o clarão dos primeiros raios solares já surgia no horizonte terreno. Um novo dia... Mais vinte e quatro horas que o relógio do tempo iria marcar, ensejando a cada criatura oportunidades de novos aprendizados e crescimento espiritual.

2

A família
SOARES

A EQUIPE CHEGARA DE MANSINHO, COMO SE FOSSE UMA NAVE ESTELAR ACOPLANDO-SE NA NAVE-MÃE, porém, a missão da noite ainda não se completara, pois faltava a internação das duas entidades sofredoras no Hospital Amor Fraterno.

Após a internação das infelizes criaturas, Estefânio e sua equipe se dirigiram aos seus lares a fim de se beneficiarem do descanso merecido.

Nada mais justo para qualquer tarefeiro, o descanso depois do labor, ainda mais quando se tem a consciência de ter cumprido a tarefa com amor e dedicação.

Na troca de plantão pela manhã, Josias passou às mãos de Domingos de Oviedo as fichas das entidades trazidas pelos Amigos da Luz. Oviedo apanhou as fichas e, enquanto se dirigia à sua sala, observou a anotação feita por Estefânio, escrita em vermelho: *vítimas da inquisição.* Sem demora, dirigiu-se ao quarto 112 da ala D. Era necessário fazer uma avaliação das condições espirituais dos novos enfermos.

A constatação feita por Domingos não foi nada animadora. Os dois obsessores estavam mentalmente envoltos numa imensa escuridão, e suas mentes, como tentáculos, buscavam, através dos pensamentos doentios, a presença de Severino Bezerra. Era necessário fazer alguma coisa e, com urgência, caso contrário, estabelecer-se-ia, em breve, uma conexão simbiótica entre os três, mesmo à distância, até porque Severino, inconscientemente, também sentia falta dos dois obsessores, *tal como a árvore em que foi arrancada a erva-de-passarinho, ressente a falta da hóspede que lhe sugou as energias, enquanto esteve a ela vinculada.*

Sem perda de tempo, Oviedo solicitou a presença do Dr. Alcino Figueira, sendo que, dentro de um minuto, o prestativo médico estava sentado à frente da mesa do diretor do hospital. Após uma breve saudação e pedidos de desculpas, Domingos assim se expressou:

— Figueira, meu amigo, um ótimo dia para você. Desculpe-me se o fiz ausentar-se de suas ocupações. Temos no quarto 112, leitos 5 e 6, mais um daqueles casos complexos. Ali estão internados dois irmãos, cujos sentimentos de vingança os transformaram em algozes de um antigo desafeto. Eles não são perigosos no sentido lato da palavra, porém, vingativos ao extremo. Gostaria que o querido irmão se encarregasse de fazer uma minuciosa avaliação e, após, a gentileza de cuidar do caso. No momento, não disponho de tempo suficiente para esse mister. Entretanto, se houver possibilidade, terei o maior prazer em cooperar. Qualquer dúvida é só me procurar, está bem?

— Com certeza, querido Oviedo. Tomarei as providências cabíveis e o cientificarei se houver algum imprevisto.

Figueira, ao sair da sala de Oviedo, dirigiu-se

à ala F, pois deixara Ernestina aguardando uma definição para a transferência de um doente a outra enfermaria. Já na referida ala, procurou a enfermeira e fez algumas recomendações quanto às necessidades do doente e autorizou a sua transferência.

Alcino Figueira, quando encarnado, atuara por longos anos como diretor de um hospital psiquiátrico, num bairro de uma capital brasileira, e tinha por lema: *vigiar de perto para não ser surpreendido*. Assim, sem mais detença, dirigiu-se ao quarto 112 a fim de ver os novos pacientes e dar início ao tratamento.

Postando-se entre os leitos 5 e 6, pôde verificar que se tratava de dois Espíritos enceguecidos pela vingança, a julgar pelas emanações exaladas a partir de suas mentes enfermiças. Após um cuidadoso exame em seus centros encefálicos, chamou o enfermeiro de plantão e recomendou:

— Querido Hildebrando, esses dois irmãos trazidos do orbe terrestre, nesta madrugada, precisam do que temos de melhor em nós. São como dois pássaros errantes distanciados do ninho antigo.

Os pobres e infelizes se assemelham, e muito, às aves feridas, que saltitam, arremessam seus corpos desesperadamente, mas não voam, pois esses nossos irmãos não possuem a capacidade de alçar voo, através das asas do perdão e, então, permanecem como simples presas de seus próprios desatinos. Muita coisa aconteceu com eles, afinal, tinham uma pátria, um ninho familiar, mas a armadilha da inquisição lhes cortou as asas, suprimindo-lhes o que tinham de mais precioso: a liberdade.

— Meu Deus, quanto devem ter sofrido, Doutor, mas a inquisição aconteceu há séculos...

— Sim, querido irmão, há séculos... Porém, é secular também o ódio e o desejo de vingança que trazem dentro de si contra o causador de suas desditas.

— Eu nunca pensei que houvesse criaturas agrilhoadas a acontecimentos tão distantes no tempo...

— É, meu caro. *As leis que regem a vida não conferem privilégios a ninguém, cada um colhe aquilo que semeia.*

Naquela mesma noite, Oviedo, preocupado, procurou por Figueira e retornaram ao quarto 112 para iniciar o tratamento dos obsessores de Severino Bezerra. Não sendo possível cuidar dos dois ao mesmo tempo, transportaram o enfermo do leito 5 a uma sala especial e o induziram a uma espécie de sono, fazendo-o rememorar o passado distante, através da própria mente.

O Espírito Alfonso Soares retrocedeu, mentalmente, até o século XV, pois estava sob o efeito dos fluidos de Oviedo e Alcino Figueira; mesmo assim, estremecia-se todo e seus olhos, embora fechados, pareciam querer saltar para fora das órbitas.

Objetivando atenuar o sofrimento de Alfonso, por relembrar os acerbos padecimentos de outrora, Oviedo orou com fervor a Jesus, rogando bênçãos e força ao enfermo, conseguindo acalmá-lo através do passe magnético. A infeliz vítima da inquisição experimentou um súbito alívio, deu um longo suspiro e se tranquilizou. Através de sua tela mental, Oviedo e Alcino Figueira começaram a inteirar-se de toda a trama que envolvia o passado daquela alma.

Soares havia sido um pai amoroso e um marido exemplar. Vivia na pequena cidade espanhola de G... e era muito benquisto. O único desafeto que tinha, era-lhe como um verdadeiro pedregulho por dentro do sapato; qualquer passo em falso e sua desagradável presença se fazia sentir.

Soares era proprietário, diríamos hoje com maior propriedade, de uma moderna padaria em um dos pontos mais movimentados da pequena cidade, e Miguel Honorato também era padeiro, porém, tinha menos fregueses e, assim, vendia praticamente a metade de Alfonso. Mantendo-se insatisfeito com o sucesso do concorrente, Honorato permitiu que sua inveja descontrolada causasse a ruína de toda uma família.

Quando Soares estava com os três filhos praticamente criados, estando Leonor, a mais nova, com dezesseis anos, sua esposa Hortênsia adoeceu e ninguém conseguia curá-la.

Na esperança de livrar a querida esposa das

garras da morte, foi até aos arredores da cidade à procura de um herbanário[3], a quem a maldade de alguns considerava feiticeiro, a fim de adquirir remédios caseiros. Miguel Honorato ficou sabendo e teve a oportunidade que tanto esperava: fez a denúncia. Dentro de poucas horas, toda a família Soares estava sob o jugo cruel da malfadada inquisição.

Agoniada pela injusta e inexplicável prisão, a pobre família pôde sentir de perto os acúleos da negra sorte a ferir profundamente os seus corações, pois além da triste expectativa dos sofrimentos vindouros, seus pensamentos estavam voltados para a situação do agravado quadro de saúde do doce anjo familiar.

Na mesma noite apavorante em que foram aprisionados, por volta das três horas da madrugada, Hortênsia Puentes Soares abandonou o mundo terreno, deixando também, em inconsoláveis prantos, o esposo e os filhos queridos.

Pela manhã, ao sol nascente, quatro dominica-

---

3. HERBANÁRIO: Estabelecimento que vende, ou pessoa que fabrica remédios à base de ervas.

nos foram encarregados de retirar o corpo de Hortênsia das dependências daquela cela úmida. Foram momentos tristes e indescritíveis. A família Soares sentia a mesma angústia que já sentiram tantos seres indefesos diante da injustiça e maus-tratos da abominável organização. E, pelo que ouviram falar, sabiam que momentos mais tristes e tormentosos os aguardavam no futuro.

Pelo menos, havia em seus corações um consolo: Hortênsia estava livre da sanha daqueles abutres desalmados.

Meses depois, houve o *dia das sentenças,* que mais parecia um espetáculo teatral, tal qual no tempo do cristianismo nascente, quando os cristãos eram supliciados no circo romano.

Os membros da família Soares, do sexo masculino, depois de serem humilhados ao extremo, tiveram que se sujeitar à empalação[4], e a bela Leonor, depois de ser obrigada a desnudar-se em frente dos inquisidores e de uma turba delirante, também teve o mesmo fim. Assim, naquele triste dia, a família

---

4. EMPALAÇÃO: Suplício que consistia em sentar o condenado numa pontiaguda estaca, ficando assim até a morte.

de Alfonso Soares dera adeus, de forma trágica, ao mundo terreno, para reunir-se novamente no outro lado da vida. Conforme seus Espíritos se libertavam do corpo flagelado, eram atraídos ao bondoso coração de Hortênsia que, entre lágrimas e assistida por dois benfeitores espirituais, aguardava de braços abertos os seus entes queridos.

Os Soares se ausentaram dentre os habitantes da pequena cidade, mas a triste tragédia jamais seria esquecida. No entanto, pela bondade de Deus, a amizade cultivada com todos os moradores da pequenina G... traçou um forte elo entre os dois planos. Muitas preces, unidas pelo sacrossanto laço de amor eram dirigidas à família, fazendo com que o Plano Superior fortalecesse o ânimo de todos.

A delação de Miguel Honorato foi *um tiro que saiu pela culatra*, apenas servindo-lhe de empecilho, pois viu o seu comércio apequenar-se cada vez mais, pelo acúmulo de dívidas, até desaparecer. Os cidadãos honrados de G... não entravam, nem deixavam que seus familiares comprassem nada naquele estabelecimento. Sua cobiça e inveja desenfreadas, infelizmente, levaram-o à ruína total, morrendo em completa miséria.

3

um CASO COMPLICADO

APÓS ESTAREM CIENTES DOS ACONTECIMENTOS QUE ENVOLVERAM ALFONSO SOARES E SUA FAMÍLIA, E dos fatos tristes vividos por eles, já distanciados no tempo, Domingos de Oviedo e Alcino Figueira agradeceram a Deus, através de uma oração, transmitindo-lhes, concomitantemente, fluidos tranquilizadores, através do passe.

Soares abriu os olhos e, um tanto assustado, perguntou:

— Quem são os senhores?... O que querem de mim?!

Oviedo, fazendo uso da palavra, bondosamente, esclareceu:

— Fique tranquilo, Alfonso, só queremos ajudá-lo. Somos sabedores do triste incidente que o infelicitou, juntamente com sua família, devido à inquisição. Estamos aqui para oferecer os nossos préstimos, pois estamos notando que o irmão anda, ultimamente, bastante confuso...

— É... É verdade... A simples lembrança dos horrores inquisitoriais é de enlouquecer qualquer criatura. Somente quem sentiu o abuso na pele, a vergonha, devido às cenas deprimentes, os dilacerantes e injustos golpes aprovados e aplicados a mando do Santo Oficio, pode avaliar, com exatidão, o que é sofrer. Por acaso, vocês pertencem a alguma instituição religiosa que eu não conheço? Nunca ouvi, dentre os religiosos conhecidos, alguém me chamar de irmão...

— Somos da mesma religião, Alfonso, somos cristãos... Ou melhor, somos da religião do amor puro e incondicional: a religião de Cristo.

— Ainda bem, pois minha família e eu sofremos tanto nas garras da inquisição, que não dá para afirmar que aquilo fosse religião.

— Estamos sabendo, Alfonso, e lamentamos muito... Porém, essa nossa conversa, em tom amistoso, tem uma finalidade. Gostaríamos que o querido irmão esquecesse de vez o passado, para concentrar-se tão somente nas necessidades do presente.

— Impossível! Será difícil esquecer...

— Difícil, sim, mas não impossível. Para se mudar qualquer costume, a tarefa não é nada fácil, mormente, quando o tempo, como um cronógrafo impassível, marcou tantos desvarios. É tempo de parar para refletir, querido irmão. Onde estão os seus entes queridos? A esposa, os filhos?

— Ignoro... Não sei qual a sorte deles...

— *A sorte deles...* O irmão usou a expressão exata. A sorte deles foi não terem tomado as trilhas da vingança como o irmão tomou e, por isso, estão acima, muito acima do que você possa imaginar.

— Mas por que não vêm me visitar? Acaso já me esqueceram?

— Com certeza já o visitaram várias vezes, porém, o irmão não os pressentiu e nem teve condições de vê-los. Os seus olhos estavam ofuscados pela vingança, cegos, insensíveis, e não puderam registrar a luz radiante daqueles que esqueceram os ultrajes recebidos e perdoaram.

Naquele momento, Oviedo pôde perceber que a simples lembrança dos familiares operou em Soares o milagre do arrependimento, pois o pranto, entrecortado pelos soluços, era prova evidente de um arrependimento sincero e, talvez, o início de uma promissora mudança.

Lembrando-se de que tinha de falar com Estefânio, antes que ele descesse ao plano terreno com sua caravana, Domingos de Oviedo solicitou a Figueira que permanecesse ao lado do enfermo até ele acalmar-se por completo e, depois, conduzisse-o novamente ao leito 5 do quarto 112.

Voltando ao seu escritório, Oviedo solicitou a Amaro que contatasse o chefe dos Amigos da Luz e lhe pedisse para procurá-lo, pois tinha urgência em lhe falar.

Dentro de poucos minutos, Estefânio apareceu e, com delicadeza, anunciou-se, batendo levemente à porta. O diretor do Hospital Amor Fraterno, levantando-se, abriu-a e o mandou entrar. Após abraçá-lo fraternalmente, puxou uma cadeira solicitando que se sentasse e, em seguida, disse-lhe:

— Querido irmão, parece-me que o trabalho de hoje vai tomar-lhe quase todo o tempo. Depois da missão da noite, se não for abuso de minha parte, gostaria que você e sua equipe passassem na casa de Severino Bezerra e dessem, a ele e à família, uma forcinha extra. Hoje, conversei com um dos seus ex-obsessores, e ele, arrependido, está a caminho da regeneração. Porém, enquanto não cortarmos, em definitivo, as amarras do ódio que os une, Bezerra ainda continuará sob a influência negativa, por não possuir ainda o anteparo do amor que perdoa, liberando a consciência culpada.

— Pode ficar tranquilo, irmão Oviedo, nós faremos isso com todo prazer. Não nos custa passar naquele lar e doar um pouquinho do muito que o Pai Celeste nos tem dado.

Ao sair da sala de Oviedo, Estefânio se reuniu com seus companheiros e, com os corações transbordando amor, desceram às margens do Tocantins a fim de atender a um caso complicadíssimo. Pobre mãe de cinco filhos, ainda pequenos, lutava desesperadamente contra uma febre, causada pela negligência de um médico inexperiente.

Passavam alguns minutos além da uma hora da madrugada, quando os **Amigos da Luz** adentraram o hospital onde Judite estava hospitalizada. Ao chegarem, algumas entidades bondosas se movimentaram a fim de recepcioná-los. Tratava-se de um Espírito que fora médico, enquanto encarnado, e o outro, uma irmã de caridade, que trabalhavam ali há algum tempo e, por isso mesmo, afeiçoaram-se àquele hospital. O terceiro, que chegara junto com Judite, era um parente da enferma e tinha pleno conhecimento do seu estado atual, pois trabalhava numa colônia nas circunvizinhanças da Terra.

Estefânio se apresentou, cumprimentou as três entidades e esclareceu o motivo da inesperada visita. Disse-lhes que vieram com a finalidade de ajudar na recuperação de uma enferma. O avô de Judite se alegrou e, antecipando-se aos demais, cuidou das apresentações:

— Sejam bem-vindos, queridos mensageiros de Deus. Meu nome é Lindolfo, sou avô da enferma. Este simpático senhor é o Dr. Fúlvio, e a bondosa freira é a irmã Josélia. Ambos têm prestado bons serviços aqui neste hospital.

— Querido Lindolfo — disse o recém-chegado —, aqui estamos em nome do Doador da Vida para ajudar a nossa querida Judite. É um prazer tê-lo aqui conosco! A presença do irmão é muito oportuna, pois vamos precisar de sua colaboração. Já estamos a par do acontecido com sua neta e nos resta apenas traçar um plano para que os médicos terrenos venham a constatar a triste ocorrência, corrigindo-a.

A enferma, internara-se, pois tivera problemas na gestação do sexto filhinho, numa gravidez ectópica[5] e houve a necessidade de submeter-se a uma cesariana no quarto mês. Após a retirada do feto que estava desenvolvendo-se nas trompas, por negligência do médico foi esquecida uma compressa dentro do corpo e realizaram a sutura. A pobre mãe, algumas horas depois, começou a ter febre e ninguém atinou com o motivo daquelas altas temperaturas.

Assim foi que o plano espiritual, atendendo às orações de Lindolfo, permitiu que se acendesse **uma luz dentro da noite** a fim de socorrê-la em nome do Mestre Amado.

Enquanto o Dr. Fúlvio e Josélia, boquiabertos, apenas olhavam sem nada entender, Estefânio traçou um plano para ser posto em prática o quanto antes, pois qualquer perda de tempo poderia levar a doente a óbito. Olhando firme para um de seus assistentes, deu a seguinte orientação:

— Hermínio, nas proximidades da residência

---

5. GRAVIDEZ ECTÓPICA: Aquela que se instala fora do útero; nas trompas, por exemplo.

de Judite reside um médium devotado ao bem, cuja faculdade vai nos ser o ponto de apoio para que a missão desta noite possa ser coroada de êxito. Lindolfo irá com você, pois conhece o irmão Orestes. Gostaríamos de ter aqui a presença desse cooperador de Jesus, o quanto antes. Somente ele terá condições de orientar o esposo da doente, para que solicite, junto ao diretor do hospital, uma ultrassonografia a fim de detectar o erro cometido.

Dentro de alguns minutos, reapareceram Hermínio e Lindolfo trazendo Orestes semiliberto do corpo físico, mas com uma lucidez invejável.

A dedicação no campo mediúnico tem estreita semelhança com o brilho do farol de um carro. Quanto mais o veículo é usado, mais energia na bateria e, consequentemente, mais brilho nos faróis.

Assim que o bondoso médium chegou, Estefânio pediu para que todos se aproximassem de Judite e, então, indicando um ponto no ventre da enferma, informou:

— Vejam, a cirurgia, que a princípio deveria

ser simples, transformou-se num tormento para a pobre doente. Uma simples compressa esquecida, por descuido, está sendo a causa das altas febres que fazem a enferma delirar e poderá provocar sua morte se não for retirada a tempo.

Fúlvio e Josélia, ainda confusos, sem atinarem com suas condições de seres desencarnados, olhavam no ventre da enferma e não viam nada, pois faziam uso somente dos cinco sentidos que conheciam.

A morte do corpo físico não faz de ninguém, anjo, e nem tampouco, demônio; cada qual vai colher aquilo que semear.

Orestes recebeu as instruções do chefe da equipe, reafirmando que tudo faria para salvar a vida de Judite. Voltou para casa e, ao acordar, tinha a nítida certeza de que não sonhara, e que o aparente sonho com a vizinha, que estava internada no hospital, era mais um dever a ser cumprido, em nome do Senhor!

4

A
ULTRASSONOGRAFIA

ERAM QUATRO HORAS DA MADRUGADA, QUANDO Orestes batia à casa de Ernestino. O pobre homem acordou assustado, pensando ter acontecido o pior com sua querida esposa. Um tanto sonolento, e com o coração aos saltos, abriu a porta e, ao ver que era o seu vizinho, perguntou:

— O que houve, Orestes? Alguma notícia da Judite?

— Fique tranquilo, Ernestino, está tudo bem. Vim aqui só para transmitir um recado do falecido Lindolfo, avô de Judite. Ele pediu para você ir, logo de manhã, até ao hospital para conversar com o diretor e exigir que ele mande fazer uma ultrassonografia. Diga que você tem certeza ou, então, que simplesmente sonhou que deixaram alguma coisa dentro do ventre de sua esposa. O importante é que a ultrassonografia seja feita. Não desista, *bata o pé*, não deixe por menos, caso contrário, sua esposa terá poucos dias de vida.

— Tudo bem, Orestes! Farei isso e, se Deus quiser, logo a minha querida Jú estará aqui conosco.

Enquanto o abnegado médium passava as instruções ao esposo de Judite, naquele quarto de hospital, Estefânio e seus auxiliares impregnavam de fluidos especiais as regiões ao redor da compressa, evitando com isso o risco de uma septicemia.[6]

Após a doação de fluidos, efetuada com desvelado amor, o chefe da equipe foi questionado por Fúlvio, que assim se expressou:

— Prezado Estefânio, Josélia e eu estamos maravilhados com tudo o que vimos... Mas tenho que

---

6. SEPTICEMIA: Infecção no organismo, onde há focos que lançam germes no sangue; presença de bactérias patogênicas no sangue, determinando toxemia ou intoxicação do sangue.

confessar que estou um tanto confuso. Muitas perguntas fervilham em minha mente. Não consegui ver nada, além do abdome da doente, quando você afirmava ter uma compressa lá dentro, além de ter achado estranho também, quando mandou buscar alguém para aconselhar o marido da paciente, exigindo uma ultrassonografia, quando eu posso fazer isso com mais propriedade...

— Queridos Fúlvio e Josélia, vocês ainda não se deram conta de que não estão mais entre os chamados vivos do mundo, que não estão usando mais o corpo de carne.

— Como?! É impossível! Sinto-me inteirinho... Tenho certeza de que não morri! Nem perdi a razão...

— Na acepção simplória que os leigos dão à palavra, o irmão está morto; morto para o mundo, mas não para Deus, pois o Espírito é imortal. A prova do que estou lhe dizendo está na não obediência daqueles que o irmão julga seus subordinados. Eles não o ouvem e, por isso, não o atendem.

— Após concluirmos a missão da noite, ou

seja, a ajuda a Judite, se for do agrado do irmão e de Josélia, os dois poderão ir conosco. Sempre é tempo de mudar. Mudar para crescer, em nome do Senhor da Vida.

Quando o Sol amigo já iluminava o telhado do hospital, onde Judite amargava tristes horas, um homem chegava a toda pressa. Era Ernestino, que viera para conversar com o diretor do hospital.

Os Amigos da Luz, ainda postados ao lado de Judite, mantinham-se atentos, pois era necessário revitalizar as energias da paciente que, mesmo sentindo muitas dores, não perdia a fé em Deus. Suas orações, sua vontade, seu desejo de curar-se, predispunha-a a receber os efeitos benéficos transmitidos pelos abnegados mensageiros.

É sabido que, muitas vezes, esse estado de espírito traz benefícios maiores do que o oferecido pelos próprios medicamentos.

Assim que o esposo de Judite se anunciou, pedindo para falar com o responsável pelo hospital, Estefânio solicitou à equipe que continuassem a postos, pois ele iria até a recepção a fim de dar uma força a Ernestino.

Depois de uma hora e meia, o pobre e desesperado esposo foi levado à presença do Dr. Airton que logo lhe foi perguntando:

— O senhor não é o esposo da paciente do quarto 35?

— Sim, senhor. E estou aqui para lhe fazer um pedido...

— E que pedido é esse?

— Gostaria que o senhor autorizasse a realização de uma ultrassonografia na minha esposa.

— Infelizmente, não tem como, meu amigo. O senhor... Como é mesmo o seu nome?

— Ernestino da Silva.

— Pois é, Sr. Ernestino, a ultrassonografia é um exame caro, e sua esposa não está em quarto pago, portanto, o hospital não poderá arcar com a despesa desse exame. Até posso autorizar que se faça, mas o senhor terá que fazer o pagamento adiantado.

O pobre Ernestino, um tanto confuso diante da frieza e dos argumentos do diretor, não sabia o que fazer e nem o que falar. Nesse exato momento, Estefânio se aproximou dele, tocou-lhe de leve com as pontas dos dedos na fronte, transmitiu-lhe forças, e lhe segredou suavemente ao ouvido:

"Fale da compressa esquecida no ventre de sua esposa na hora da cirurgia. Diga que você sonhou com isso".

Ernestino não captou o som da voz do mensageiro celeste, mas foi o suficiente para se lembrar do que lhe dissera Orestes. Assim, voltou a questionar ao médico:

— Dr. Airton, eu tive um sonho esquisito esta noite... Sonhei que estava retirando um pedaço de pano de dentro do corpo de minha esposa e, assim que consegui retirá-lo, ela se levantou e ficou boa. Será, doutor, que não esqueceram alguma coisa dentro dela na hora da cirurgia?

— Isso é um absurdo, Ernestino!

— Olha, doutor, eu não costumo me enganar. Vamos fazer um trato? O senhor manda fazer esse exame em minha esposa e, se estiver tudo bem, tudo perfeito, eu pago a ultrassonografia, mas se existir algum erro médico, ficará por conta do hospital. O senhor topa?

— Tudo bem, Ernestino. Vou mandar fazer esse bendita ultrassonografia, assim veremos quem paga esse exame...

Dentro de uns cinquenta minutos, Judite retornou ao quarto após fazer a ultrassonografia. Voltou numa ansiedade ímpar, ninguém queria lhe dizer o que estava acontecendo, pois as enfermeiras apenas lhe falaram que não tinham acesso a essa informação.

Já acomodada no leito, o obstetra que realizou a cesariana entrou no quarto, acompanhado da enfermeira chefe. Dirigindo-se à enferma, verificou-lhe a pressão, depois a febre, e perguntou:

— Como vai, dona Judite? A senhora se sente melhor?

— Graças a Deus! Da noite de ontem para cá, a febre diminuiu, e eu estou bem mais disposta. Diga-me uma coisa, doutor, o senhor sabe o resultado do exame que fiz há pouco?

— Ainda não... Esse resultado não sai na hora, mas fique tranquila, que vai dar tudo certo.

E, disfarçando, saíram do quarto, a enfermeira e ele. A pobre enferma ficou agoniada, pois não sabia o que estava acontecendo. E ficou mais intrigada ainda quando, na hora da refeição, não lhe trouxeram o almoço...

A pobre monologou consigo mesma: *Agora, sim... Agora, vou morrer mesmo, pois vão me matar de fome.* O que a pobre Judite não sabia é que, a suspensão da alimentação se devia à cirurgia que ela teria que enfrentar no dia seguinte, pois o ultrassom acusara um corpo estranho em seu ventre.

Naquele triste momento, sozinha, frágil, sentindo imensa saudade dos filhinhos e do esposo, achava-se a pessoa mais infeliz do mundo. Comovido, e com o coração repleto de amor, o mensageiro estendeu as mãos, próximas à região frontal da doente, transmitindo-lhe energias, e a pobre, enfraquecida e sonolenta, adormeceu.

Com a chegada de Medeiros, chamado para ajudar a enferma em companhia de Lindolfo, a equipe **Amigos da Luz** retornou a Porto Esperança, uma vez que Estefânio já tinha enviado Kalil e Inocêncio até a morada de Severino Bezerra a fim de ajudá-lo.

O retorno da equipe à colônia espiritual lembrava um pai de família com seus filhos, voltando da lavoura. Estavam cansados, mas conscientes de terem feito tudo o que podiam para garantir a vida de mais uma planta sufocada pelo jugo de uma erva daninha, o erro médico.

Outro motivo os deixava felizes, afinal, junto deles, seguiam os Espíritos Fúlvio e Josélia, duas almas que viveram um bom tempo distanciadas da realidade da vida.

Ao chegarem ao Hospital Amor Fraterno, o chefe da equipe dispensou os seus auxiliares e convidou Fúlvio e Josélia para conhecerem o seu pequeno e doce lar. Uma casa com cinco cômodos, também ocupada por uma irmã desencarnada há dois decênios. Não existia luxo, nem os requintes do mundo atual, mas o ambiente era harmonioso, saturado de uma paz envolvente e recendia aromas agradabilíssimos que os sentidos carnais não conseguiriam perceber.

 Ao entrarem na sala, Estefânio chamou pela irmã:

 — Olga, por favor... Veja, hoje temos visitas.

 Com o aparecimento do Espírito de uma senhora de meia-idade, o dono da casa fez as apresentações:

 — Fúlvio e Josélia, tenho a honra de apresentar-lhes Olga, a minha querida irmã. Olga, esse senhor é Fúlvio, médico; e esta é a irmã Josélia, que foi freira no mundo terreno.

 Ainda um tanto fora do ar, Fúlvio exclamou:

 — Custa-me acreditar que exista um mundo, além do mundo que conhecemos...

 Ao que Estefânio, inspiradamente, respondeu:

 — É, meu caro, Jesus disse há mais de 2000 anos: *Há muitas moradas na casa de meu Pai!*

NOVAS LUTAS

No dia seguinte ao da realização do exame, Judite foi levada à sala de cirurgia a fim de submeter-se a uma nova incisão, para que fosse verificado o porquê da anomalia constatada em sua ultrassonografia. Para os mensageiros de Jesus, ali representados por Medeiros e Lindolfo, estava muito claro: houve sim, negligência. Todavia, por parte dos médicos, a opinião era outra; *o orgulho e a presunção os impediam de aceitar que houve um erro.*

O mesmo médico que a havia operado, na primeira vez, estava presente, mas não participou daquela experiência. Nervoso, inquieto, observava tudo e torcia para que nada fosse encontrado, porém, o que já suspeitavam, aconteceu: *foi encontrada uma compressa envolta em secreção purulenta.* O infeliz médico, causador de todo aquele transtorno, intimamente não se conformava. Estava mais preocupado com o vexame que estava passando do que com o perigo que a enferma enfrentou. Sem saber que atitude tomar diante de sua evidente falha, acovardou-se, simulou um desmaio e saiu carregado da sala de cirurgia.

Uma semana depois, Judite voltou ao doce aconchego do lar, abatida, mas cheia de felicidade. Mais uma batalha fora vencida! Lindolfo, após abraçar Medeiros, voltou à sua colônia, agradecendo a Deus por mais um final feliz.

Ao chegar em Porto Esperança, Medeiros se dirigiu até a sala de Domingos de Oviedo, a fim de informá-lo de que Judite estava quase restabelecida e já voltara para casa. Oviedo recebeu a notícia com satisfação e lhe informou:

— Sabe, querido Medeiros, o Pai Celestial abre caminhos a todos os filhos por lugares que desconhecemos. É o caso daqueles Espíritos que você conheceu naquele hospital terreno. Viveram por longos anos alheios a tudo: à organização familiar, à hierarquia profissional, ao tempo... Contudo, mesmo ignorados no lar, desobedecidos na área profissional, mantiveram-se sempre firmes em seus postos de serviço, permanecendo fiéis ao ideal assumido perante o mundo. Após a morte do corpo físico, perderam a ferramenta de trabalho, mas não a vontade de servir.

— E onde os dois estão agora, irmão Oviedo?

— Estão acompanhando as nossas equipes de enfermagem, como estagiários...

— Mas, querido irmão, isso não foge um pouco da sequência natural das coisas? Quase todos os que estão integrados em nossas equipes de ajuda, aqui chegaram sob o guante da dor ou, então, trazidos por Espíritos bondosos, devido aos méritos conquistados na face da Terra, entretanto, pelo que constatei, esses dois Espíritos nem tinham consciência de que já se encontravam desencarnados!

— Entendo o seu ponto de vista, Medeiros...

Mas onde situaríamos Fúlvio e Josélia? Seria justo deixá-los naquele hospital, sem estarem aptos para ajudar?

— É verdade, o querido irmão tem razão, afinal, aqui conosco, terão a oportunidade de aprender e tornar-se-ão úteis, abrindo assim, pela mercê de Deus, os seus próprios caminhos.

Naquela noite, quando o silêncio se fazia presente em todas as alas do hospital, Alcino Figueira e Oviedo se dirigiram até o quarto 112 a fim de prestar socorro ao paciente do leito 6.

O pobre Espírito, sem a interferência de Alfonso Soares, que melhorara sensivelmente e, alheio à nefasta influência do passado, assemelhava-se a um animalzinho demasiadamente assustado, apresentando olhos tristes, embaçados, pensamentos em completa desarmonia. Um ser cuja pusilanimidade tornara inofensivo...

Transportado com carinho até a sala de operações especiais, permaneceu dócil, sem nada perguntar e sem fazer uma reclamação sequer. Somente no momento em que foi colocado em uma maca especial e sob luz intensa, perguntou:

— O que irão fazer comigo?

— Calma, querido Hernandez, só queremos ajudá-lo — disse Alcino Figueira.

— Ajudar-me por quê? Sou um mísero sentenciado pela inquisição...

— Acima de tudo, você é um filho de Deus — exclamou Oviedo.

Essa afirmação de Domingos fê-lo raciocinar e Diego Hernandez, concordando, aquietou-se.

Alçando os pensamentos rumo aos Céus, os abnegados mensageiros oraram a Jesus, solicitando bênçãos e luz naquele momento. Em seguida, explicaram a Hernandez o motivo de ali estarem, garantindo-lhe que, depois, ele se sentiria bem melhor.

Com os pensamentos buscando a presença amorosa de Jesus, aplicaram-lhe energias fluídicas, através do passe, e Diego, agora solto, descontraído, estava pronto para recordar o seu passado.

Cenas breves, lacônicas a princípio, começaram a surgir dos pensamentos de Diego Hernandez, porém, com a absorção de fluidos aplicados em seus *centros de forças coronário e frontal,* tais cenas passaram a ter uma nitidez clara e precisa. A partir dessas cenas, mais perfeitas do que a avançada cinematografia pode produzir, os dois mensageiros de Deus passaram a ver e anotar os lances mais tristes e dolorosos da vida de Hernandez.

Diego Hernandez, um rapaz bem-apessoado e ainda solteiro, era apaixonado por Carmem de Jesus Ortega, uma bela morena de cabelos longos, olhos castanhos e belo sorriso.

Viveu até aos vinte e um anos com sua mãe, nos arredores de uma bela cidade espanhola de médio porte, mas quando conseguiu empregar-se como gerente de um importante e requintado hotel, mudou-se para Madri.

Passava a maior parte do tempo na capital espanhola e só voltava para casa depois de quinze dias para rever sua mãezinha e demais parentes.

Hernandez não era um rapaz que se entregava às noitadas festivas, tão ao gosto dos homens de então, nem tampouco ao jogo de cartas, um divertimento que exercia forte atração nos rapazes daquela época. Sempre elegante e comedido no falar, mostrava-se atencioso com todos, principalmente para com as pessoas do sexo oposto. Talvez essas qualidades tivessem sido os motivos que o levaram aos braços da bela madrilense: a irrequieta Carmencita.

A bela morena não era rica, mas aspirava a ser, um dia. E a maneira mais fácil para a realização do almejado sonho, seria através do casamento. Excessivamente frívola e sonhadora, sempre absorta em seus devaneios, deixava-se levar facilmente pelo embalo das circunstâncias. Não foram poucas as vezes em que ela se fizera passar por dama da sociedade, utilizando vestuários requintados de colegas bem mais favorecidas pela sorte.

O namoro com Hernandez seguia naquele *chove e não molha,* por falta de uma opção mais vantajosa para ela. Não que o jovem casal não se desse bem. Intimamente, sentia-se bem ao lado do gerente de um hotel luxuosíssimo, fazia bem ao seu ego, porém, notando que o rapaz não ambicionava nada além daquele emprego, começou a tratá-lo sem a mesma atenção e o carinho de antes. Foi, então, que tudo mudou.

Diego Hernandes, até então, cortês, liberal e senhor de si, passou a exercer uma marcação cerrada em cima de Carmencita, e o ciúme acabou afastando-os.

Carmem, agora separada do rapaz, deu asas ao mais descabido dos sonhos, afinal, para ela, não importava, no momento, a idade, a beleza ou a situação civil do futuro pretendente; bastava que fosse rico. Assim, numa noite em que estava acompanhada de duas amigas, doidivanas tanto quanto ela, apareceu o homem perfeito para realizar o seu sonho.

O encontro se deu num bar badaladíssimo da cidade e, a partir daquele momento, o novo casal não se separou mais.

Hernandez, quando soube do envolvimento de Carmem com um homem mais velho, porém, rico, ficou desesperado. Tinha-a como ambiciosa, mas nunca lhe notara uma falha de caráter. Agora, no entanto, era informado por terceiros de que a bela morena se entregava, voluptuosamente, ao sabor de desenfreados costumes.

Tentou esquecê-la, mas em vão, pois agora, suas noites, antes tranquilas, eram um somatório de pesadelos e de horas maldormidas. Não conseguia mais conciliar os seus tormentos com o que lhe competia fazer na gerência do hotel. Algumas falhas de início, outras mais graves meses depois, até que foi substituído pelo subgerente, sendo demitido.

Desgostoso e sem perspectivas, resolveu voltar para sua cidade natal. *Mas, qual força seria capaz de impedir que o tormento acompanhasse o atormentado?*

Hernandez fez de tudo, mas não conseguiu arrancar de seus pensamentos a imagem daquela pérfida mulher. Em qualquer local onde estivesse, sua mente, como uma câmera, projetando imagens em sentido inverso, trazia-lhe a nítida imagem daquele sorriso que adornava aquela boca com sabor de pecado, indelével nascedouro de "calientes" beijos e falsas promessas.

E não suportando a dor da saudade, procurou por Samantha, uma espécie de curandeira que um amigo lhe indicou. Na primeira vez em que lá esteve, a velha bruxa, como era conhecida, solicitou-lhe que comprasse três velas vermelhas e voltasse no início da noite do dia seguinte.

Um dia depois, cheio de esperança em reconquistar o amor de Carmem de Jesus Ortega, voltou àquele fim de mundo levando a encomenda, como recomendara Samantha... mas não deu sorte. Alguns minutos depois que entrou na humilde choça, Samantha e ele foram surpreendidos e presos a mando do Santo Ofício.

6

A VINGANÇA

Quando o silêncio noturno envolveu todas as dependências do Hospital Amor Fraterno, Oviedo e Figueira já estavam cientes de todos os incidentes que infernizaram os últimos dias de Diego Hernandez. O pobre Espírito, que, até então, demonstrava no semblante rictos de sorrisos ou dor, devido às recordações do passado, agora, ao recordar as atrocidades provocadas pelos asseclas da inquisição, deixava que o suor porejasse em sua gélida fronte.

Oviedo, penalizado pelo sofrimento íntimo de Hernandez, olhou para Alcino Figueira, e lhe disse:

— Deixemos por hora que o pobre irmão desperte. Seria doloroso demais, nas condições em que se encontra, que ele recordasse todos os lancinantes golpes sofridos outrora. Quem sabe, liberando-o da sonolência e aplicando-lhe novas energias, ele resolva contar-nos as suas tristes lembranças, com suas próprias palavras.

— É bem provável — concordou Figueira —, pois Hernandez, apesar de seu quadro espiritual infeliz, não me parece um Espírito violento. Esperamos que não dê vazão a nenhum tipo de revolta.

Assim, após uma fervorosa prece, Oviedo o chamou pelo nome, e o antigo espanhol acordou, suarento e assustado. Olhando para o semblante calmo de Domingos de Oviedo, perguntou:

— O que aconteceu? Parece-me que estou chegando de uma longa e triste viagem...

— Sim — respondeu Figueira. — Você fez uma longa e difícil viagem mental ao passado, porém, não só... Estávamos com você. Vimos tudo o que lhe aconteceu entre Madri e sua cidade natal.

— Então, é verdade?! Fui ao passado, pois acontecimentos esquecidos há tanto tempo se encontram, agora, bem nítidos em minha memória...

Aproveitando a breve pausa, Oviedo lhe perguntou:

— Diego, na referida viagem mental ao passado, nós paramos no ponto em que você foi aprisionado em companhia de Samantha. Você gostaria de contar-nos o restante?

O pobre Espírito pensou por alguns instantes, talvez decidindo se deveria contar ou não, mas finalmente concordou e passou a relatar os seus tristes martírios, parando de vez em quando, devido à emoção.

— Naquele começo de noite — continuou —, depois de maniatados, fomos conduzidos debaixo de safanões e pancadas. Samantha e eu fomos aboletados num carro imundo, cheirando mal, repugnante. O carro, puxado por quatro fogosos cavalos, mais parecia um veículo satânico rumo ao inferno.

Ao chegarmos numa espécie de galpão, parece-me que já éramos esperados, pois um magricela vestindo hábito escuro se aproximou, perguntando:

— Então, trouxeram a famosa bruxa Samantha?

— Só, então, percebi que, naquele malfadado começo de noite, eu estivera num local onde não deveria ter estado...

Infelizmente, quando se vive a esmo, tentando fugir da realidade ou à procura de fórmulas mágicas para resolver qualquer problema, nem sempre se consegue o objeto da procura e ainda se corre o risco de sofrer consequências funestas advindas da escolha malfeita.

— Foi o que aconteceu naquela noite. Procurando resolver os meus íntimos conflitos, através de uma charlatã visada pela inquisição, deu no que deu...

Lembro-me bem... O pátio, todo iluminado por tochas acesas, parecia estar preparado para um festival. Vi padres sacolejando como se estivessem se deliciando em participar daquela dança macabra, tétrica, naquela *festividade de mau gosto e desumana.*

Trancafiaram-me numa cela imunda. Muitas pocilgas ou chiqueiro de porcos, talvez cheirassem menos mal. Era um constante vozerio, uma triste miscelânea de gritos e gemidos de dor, mas, também pudera, não houve quem dissesse que, ao ser aprisionado, não tivesse recebido algum tipo de agressão.

Fiquei juntamente com uma porção de criaturas, tanto ou mais infelizes que eu, durante algumas semanas. Num triste dia, logo pela manhã, fomos enxotados daquela masmorra horrorosa, fedorenta, e eu sabia que, com toda a certeza, iríamos para o centro do grande galpão, sofrer mais humilhações e torturas.

Não aguentei e, a um empurrão mais brusco que sofri, gritei com todas as forças que meus pulmões conseguiram alcançar. Gritei muito e botei para fora toda a revolta contida em todos aqueles dias. De repente, um forte golpe me levou a nocaute.

Um padre forte e corpulento, com os olhos faiscando de ódio, deu-me uma forte cotovelada na fronte; perdi os sentidos e caí, inanimado...

Não sei como, não entendi o porquê, mas uma força estranha, talvez originada de minha sanha de revide, fez-me levantar. Pus-me em pé e fiquei petrificado ao ver meu corpo ensanguentado e inerte no chão, tendo o olho direito saltado para fora da órbita ocular. Alguns segundos depois, jogaram um tecido preto em meu rosto e não consegui ver mais nada.

Perdi a consciência de tudo e, não sei por quanto tempo, fiquei naquela espécie de torpor. Um dia, porém, sedento de vingança, depois de peregrinar às tontas, sem atinar-me com o local onde estava, juntei-me a uma infeliz criatura que também sofrera horrores, devido aos desmandos da maldita corja e, então, começamos a procurar pelo culpado, ou, talvez, pelos culpados de nossas desditas.

A outra parte da nossa triste história, os senhores, com certeza, já poderão deduzir. Depois

UMA LUZ DENTRO DA NOITE

de muita procura, conseguimos localizar o maldito que achávamos ser o responsável pelos nossos padecimentos. Atormentamo-lo durante toda uma existência, fazendo-o suicidar-se, numa queda livre de cima de um penhasco. Seu mísero corpo foi destroçado, como o de muita gente boa, no tempo da inquisição. Em seguida, aprisionamo-lo nas trevas, onde vivíamos, e o torturamos de todas as maneiras. Não sei quantas décadas ou séculos depois, aquele ex-súdito do inquisidor-mor[7] nos foi tirado e resgatado por uma *falange de iluminados* e, assim, perdemos-o de novo.

Depois de muito tempo, finalmente o encontramos, usando um novo corpo e vivendo, tranquilamente, no nordeste brasileiro. Ali, no recesso de seu lar, não pudemos fazer muitas atrocidades devido à presença de Izete, sua esposa que, com orações, sempre neutralizava as nossas investidas. No entanto, induzindo-o em seu local de trabalho, conseguimos prejudicá-lo grandemente. Fizemo-lo trocar de serviço no frigorífico em que trabalha-

---

7. INQUISIDOR-MOR: A entidade espiritual faz referência à figura de Tomás de Torquemada, organizador e implacável inquisidor do Santo Ofício.

va e, assim, o maldito adquiriu uma pertinaz gripe em uma câmara fria; gripe esta, transformada, mais tarde, numa tuberculose que até hoje lhe dizima as forças e certamente o levará à morte.

Como os senhores notaram, vingamo-nos, mas perdemos muito tempo sem termos vivido, pois deixamos o ódio e o desejo de vingança comandar as nossas ações e foi como se tivéssemos abdicado do direito de viver.

— E agora, Diego? — perguntou Oviedo. Depois de remexer nessas tristes e esquecidas lembranças que estavam arquivadas no tempo, como está esse seu coração?

— Aliviado, doutor! Parece-me que tirei uma enorme rocha de cima de mim. Perdi precioso tempo no qual poderia ter feito coisas melhores...

— Sem dúvida alguma — concordou Alcino. — O efeito da vingança pode ser comparado ao lançamento de um bumerangue: sempre volta em direção daquele que o atira.

— Gostaria de fazer uma pergunta, Dr. Oviedo... E mamãe? Por onde anda? O que aconteceu com ela?

— Sua mãe está bem! Foi através de um pedido seu que o localizamos na casa de Severino Bezerra, seu antigo desafeto. Antes de descer à Terra para uma nova reencarnação, procurou-me, pedindo que intercedesse a Deus em seu benefício. Ela desceu meses atrás para desempenhar uma belíssima missão em prol das crianças brasileiras. Deixou-lhe um forte abraço e lhe fez essa recomendação: *Enquanto não possuir um amor, a ponto de perdoar, jamais deixe o seu coração apaixonado comandar os seus atos.*

O pobre Espírito, emocionado ao extremo, colocou as mãos cobrindo o rosto e chorou amargamente.

Os dois abnegados mensageiros de Jesus se aproximaram de Hernandez e, orando, intercederam em seu benefício. Um minuto após, já estavam levando-o de volta ao leito 6.

Ao entregar o paciente ao enfermeiro de plantão, Oviedo disse num sussurro: *Graças a Deus! Mais uma criatura arrependida e com condições de retornar ao aprisco do Mestre Jesus.*

Enquanto Alcino Figueira se dirigia até sua residência para o merecido descanso, Oviedo foi até a sua sala certificar-se se o chefe dos Amigos da Luz apanhara o *PAE. — Programa de atendimento espiritual.*

Ao entrar no corredor que dava acesso à sua sala, viu, ao longe, a simpática figura de Estefânio, que vinha chegando. Parando em frente ao seu escritório, esperou pela sua chegada e, em poucos segundos, estreitou-o num fraternal abraço.

Entrando na sala de Oviedo, o chefe dos caravaneiros comentou:

— É... Parece-me que o senhor esteve fazendo serão...

— Sim, eu estava dando uma mãozinha a Figueira, para o despertar espiritual do paciente do leito 6, do quarto 112. Graças a Deus, mais um leito ficará vago, pois tenho certeza de que Hernandez, tal qual Alfonso Soares, vai também pedir-nos um serviço...

— Ótimo, ótimo — disse Estefânio. — E, por falar em serviço, deixe-me ir, pois o meu e de meus companheiros está a nossa espera.

E, depois de abraçar Oviedo, apanhou o PAE e foi juntar-se aos membros de sua equipe. Deveriam descer até um hospital do Rio de Janeiro a fim de prestar socorro a uma família necessitada. A equipe **Amigos da Luz** não era avantajada em número de cooperadores, mas, pela mercê do Pai Celeste, "uma luz dentro da noite", sempre pronta a socorrer em nome de Jesus.

Lá fora, na imensidão cósmica, reinava uma paz que a pobre humanidade ainda desconhecia. Deus, em sua infinita bondade, criou uma infinidade sem conta de sóis e estrelas, pois é de sua vontade eliminar as trevas do mundo. No entanto, menosprezando a paz e fugindo da luz, os homens se embrenham, cada vez mais, nos labirintos escuros de sua insanidade.

A VINGANÇA

Buscando os valores transitórios do mundo e esquecendo-se de Deus, imprevidentemente, terão a julgá-los, no futuro, os seus próprios desatinos, pois segundo o Mestre Amado — *O julgamento é este: Que a luz veio ao mundo, e os homens amaram mais as trevas do que a luz; porque as suas obras eram más.* — *Jesus* (João, 3:19).

7

A ASSISTÊNCIA

Já passavam duas horas e alguns minutos da meia-noite. Copacabana, a *princesinha do mar*, imponente, majestosa como uma deusa adormecida, lá estava, a essas horas, quase deserta; apenas alguns transeuntes se movimentavam, como que perdidos dentro da madrugada.

A famosa e encantadora Cidade Maravilhosa, vista do alto, não parecia possuir tantos problemas afligindo a sua gente; simplesmente, assemelhava-se a um descomunal transatlântico, que ali estivesse ancorado, indefinidamente, para receber, em sua base, as marulhantes e irrequietas ondas.

A equipe celeste volitando a certa altura, mas sempre atenta, observou, de relance, presenças suspeitas no local e que poderiam representar ameaça a alguém. Percebiam que algo desagradável poderia acontecer a qualquer momento e, ao comando de Estefânio, desceram em uma rua deserta, onde uma senhora, com uma criança ao colo, caminhava com certa rapidez. A pobre e desesperada mãe estava sendo seguida por dois marginais que a acompanhavam, já havia algum tempo, deixando-a apavorada.

A infeliz criatura, quase sem fôlego, fazia de tudo para vencer a distância em busca de uma farmácia, pois seu filhinho ardia em febre. Enquanto pôde, caminhou o mais rápido possível, até que, quando não estava mais aguentando, diminuiu as passadas e, com um imenso esforço, venceu o desespero, começando a orar à Mãe Santíssima, em busca de proteção.

No momento em que a pobre mãe começou a orar, o dirigente da equipe, utilizando-se de ectoplasma da mulher, fez-se visível, e essa repentina aparição amedrontou os meliantes que acabaram por fugir, esbaforidos, do local. Aquela amorosa mãe, tocada de grande emoção pela ajuda recebida naquele momento, agradeceu, em pensamento, à Senhora de Nazaré e, com redobrada fé, rogou-lhe ajuda em favor de seu amado filhinho.

Mesmo em movimento, toda a equipe se aproximou da mulher e, de mãos entrelaçadas, oraram aos céus rogando bênçãos em favor daquela mãe e do pequenino ser. Naquele instante, safirinos raios de luz desceram sobre ambos, demonstrando que o amor de uma mãe terrena tem fácil acesso ao meigo coração de nossa Mãe Amorosa.

Izildinha conseguiu chegar com tranquilidade à farmácia, comprou um antitérmico e ficou felicíssima ao saber que a febre de Marquinhos tinha baixado. Estefânio solicitou a Inocêncio que a acompanhasse até a sua residência e que, depois, fosse juntar-se ao grupo.

Os **Amigos da Luz**, felizes pelo socorro prestado a Izildinha e ao seu filho, rumaram agora para um grande hospital, onde alguém, há meses, apenas vegetava, enfrentando um coma irreversível.

Sinvaldo Gian Rozas, um funcionário do Estado, vivia feliz com sua esposa Maria Helena, e Claudinha, uma filhinha de nove anos.

Moravam num dos bairros nobres da cidade e viviam tranquilos, pois tinham uma bela casa. Ele ganhava um ótimo salário, e a união do casal datava doze longos e felizes anos. Um dia, porém, quando Sinvaldo voltava para casa, sofreu um terrível acidente, tendo de ser internado às pressas. Apesar de não estar correndo tanto, foi um desastre violento. Nele, Sinvaldo fraturou três costelas, o braço direito e bateu violentamente a cabeça. Foi socorrido minutos mais tarde, sendo levado, desmaiado, para o hospital.

Ao ser internado, foi constatado um edema no encéfalo, sendo que, segundo o parecer médico, a imagem radiográfica apresentava a possibilidade da existência de um coágulo.

Sinvaldo foi submetido a uma tomografia computadorizada, sendo detectada a impossibilidade de uma cirurgia, por tratar-se de procedimento de alto risco, devido à localização do coágulo.

Maria Helena, a pobre esposa, quase perdeu os sentidos quando lhe disseram que Sinvaldo estava em coma. Todavia, em parte, era-lhe um alívio saber que nesse estado, como se acredita, ele não estaria sofrendo; estaria alheio a tudo.

Depois de quase um mês sem esperança de melhora, os pais de Sinvaldo, extremamente penalizados, começaram a pressionar a nora e os demais parentes para que concordassem com o médico no sentido de não se intentar um novo tratamento. Isso porque este já os advertira de que, até agora, a insistência com outros medicamentos já estava, por demais, comprometendo outros importantes órgãos de seu corpo e que o melhor seria aguardar por alguma reação espontânea ou algum milagre.

Maria Helena, desesperada, não conseguindo se conformar, ainda protestou:

— Jamais! Essa hipótese está fora de cogitação. Quero tentar até o último instante.

— Mas, Leninha — argumentou Sérgio, o sogro — ele está apenas vegetando... Libertaremos o seu Espírito se não investirmos em novas e infrutíferas tentativas que, como já disse o médico, com mínima probabilidade de terem sucesso e com alto risco de comprometer ainda mais os outros órgãos.

— Essa sua visão não me convence, meu sogro.

E enquanto Sérgio tentava convencer a nora da necessidade de libertar o filho daquele corpo que apenas vegetava, Sinvaldo, em Espírito, e desprendido da matéria, no fenômeno conhecido por emancipação da alma, ouvia-os e sofria em saber que sua morte seria inevitável.

Daquela triste altercação entre sogro e nora, ocorrida naquela tarde, passaram-se mais oito dias. Sérgio e esposa não deram trégua, começando a tentar convencer os demais parentes. Agora, até os pais de Leninha estavam concordando que seria melhor não investir numa nova tentativa que, de acordo com o médico, apenas lhe traria mais sofrimento.

UMA LUZ DENTRO DA NOITE

Dos parentes mais próximos, além de Leninha, apenas Sandra Maria, sua irmã mais velha, era contra essa ideia. E a maioria tanto fez que conseguiu a adesão de quatro médicos, inclusive o que cuidava do paciente, para aconselhar a irredutível esposa, sobre a necessidade daquela medida.

Essa reunião se deu na noite em que Estefânio e equipe chegaram para dar a sua cooperação, em nome do Senhor Jesus. E ali estavam eles de prontidão, para dar o melhor em favor do enfermo e da família. Na verdade, já tinham conhecimento de que Sinvaldo desencarnaria, haja vista que uma equipe espiritual, especializada na desencarnação, já se encontrava aguardando o momento propício.

Leninha, por sua vez, sentindo-se exausta, deitou-se num quarto vago e adormeceu sob os cuidados de Estefânio, que a havia induzido ao sono. A medida fora necessária para que Sinvaldo transmitisse à esposa o seu apelo final.

E aproveitando esse estado de sonolência induzido na esposa, Sinvaldo, liberto do corpo físico, falou-lhe: *Leninha, meu amor... Rezei tanto a Jesus para que não me levasse antes de fazer-lhe esta confissão. Você se lembra da Cacilda, aquela nossa antiga empregada? Aquela que demitimos, quando engravidou? Ela e o Pedrinho estão passando por momentos difíceis... Perdoe-me, querida, não posso partir para o "outro lado da vida" sem dizer-lhe a verdade. Aquele menino é meu filho, cuide dele, pelo amor de Deus! E, se você conseguir perdoar-me, dê também um apoio à sua mãe. Obrigado por tudo e adeus!*

Maria Helena acordou um tanto assustada e imaginara, pelo sonho que tivera, que havia chegado a hora de Sinvaldo partir. O seu corpo físico não tinha mesmo mais condições de dar-lhe guarida... Na verdade, mais parecia uma casa avariada por um terrível vendaval e prestes a desabar, mas, ao receber as energias da equipe espiritual, reagiu prontamente e, assim, Sinvaldo, em Espírito, retornou ao corpo.

Nesse momento, Estefânio distendeu as mãos sobre o frontal de Sinvaldo e, este, agitando uma das suas, como a dizer adeus, deixou que uma grossa lágrima rolasse pelo seu rosto macilento.

Era o momento exato de sua partida, e os minutos que se seguiram foram de dor, de lamentos e abundantes lágrimas, por parte dos familiares. A pobre esposa, lembrando-se da promessa que fizera, abraçou o corpo inerte do marido e disse alto para que todos pudessem ouvir:

— Vai tranquilo, meu querido. Eu cumprirei, fielmente, o que me pediu... Vou trazer o Pedrinho e Cacilda para nossa casa, vou recolhê-los e tratá-los como se os dois fossem uma continuação de você.

Depois daquele momento de forte emoção, os Espíritos, encarregados de libertar Sinvaldo do corpo, iniciaram os procedimentos.

A equipe espiritual esperou que o corpo fosse transportado dali e, enquanto o funcionário da empresa funerária adornava-o com flores numa urna mortuária, a fim de ser velado, Estefânio e seus companheiros retiraram dele os últimos vestígios de fluidos vitais, dispersando-os na Natureza, para que não fossem utilizados por Espíritos vampiros[8].

---

8. VAMPIROS: Espíritos inferiores que se comprazem em sugar os fluidos vitais remanescentes nos cadáveres.

Finda essa operação, Estefânio convidou a equipe para a retirada, porém, sem antes transmitir a Maria Helena e Claudinha, fluidos calmantes que as duas assimilaram sem perceber.

Enquanto os cariocas acordavam, tendo que enfrentar mais um dia difícil pela frente, os **Amigos da Luz** deixavam a bela cidade maravilhosa para trás, buscando no azul do infinito, outros ares mais afáveis, mais perfumados, com um outro tipo de vida, numa dimensão bem mais feliz. Diferentemente da cidade terrena, Porto Esperança lá estava, doce e acolhedora, esperando o regresso de seus amados filhos.

8

O DESESPERO DE UMA MÃE

O FIRMAMENTO, MARAVILHOSAMENTE ADORNADO, O MESMO QUE COBRE AS CRIATURAS TERRENAS COM seu manto de cintilantes estrelas, deixava Porto Esperança toda iluminada e mais bela. Os primeiros raios de sol incidindo sobre as águas da pequena cachoeira, ao fundo da colônia, faziam com que um tênue arco-íris se formasse, enfeitando ainda mais a bela paisagem.

Ao redor dos cinco prédios e rodeando as pequenas moradias dos felizes habitantes daquele local abençoado, a relva molhada fazia as minúsculas gotinhas de orvalho cintilarem como as distantes estrelinhas em noites escuras.

Enquanto isso, nas dependências do Hospital Amor Fraterno, doce e suave música servia de canção de ninar aos enfermos ali hospitalizados. Uma doce paz, um envolvente e duradouro bem-estar, algo inexplicável, indefinível, agraciava a todos. Era o amor, em seu sentido mais amplo, consubstanciado no somatório de todas as qualidades espirituais dos habitantes e daquela casa consagrada ao alívio de tantos filhos de Deus, que se fazia sentir.

Domingos de Oviedo estava consultando o *PAE — Programa de Atendimento Espiritual,* naquela manhã, quando alguém bateu levemente à porta. Era uma das auxiliares de Teodomiro, que o procurava. Abriu a porta e, ao vê-la, abraçou-a fraternalmente, pedindo que entrasse. Alzira, um tanto constrangida, falou:

— Desculpe-me, querido irmão Oviedo. Lembro-me de que, há algumas semanas, solicitei os préstimos do bondoso irmão em favor de meu querido filho Horacídio. Recordo que o querido irmão já tinha uma data agendada para socorrê-lo, entretanto ando muito agoniada, pois venho sonhando amiúde com ele. Daria para o querido irmão, se não for pedir demais, confirmar-me essa data?

— Claro, irmã! Será um prazer.

Oviedo apanhou o fichário e começou a consultá-lo. Encontrando a referida ficha, sorriu amavelmente e falou:

— Ah! Aqui está... A sua preocupação e os seus sonhos são justificáveis, querida irmã... O amor de mãe é sempre uma caixinha de agradáveis surpresas e sempre guarda indecifráveis mistérios. Em qualquer fato que envolva um de seus filhos, uma mãe, mesmo à distância, estará sempre como sentinela, procurando salvaguardá-lo através das preces ao Criador. A ajuda ao seu filho estará sendo executada ainda hoje.

— Que bom, irmão Oviedo! Graças ao Pai Celeste, o meu pobre filho será ajudado mais de perto. Gostaria de ir também até ao nosocômio onde ele se encontra... Se o senhor autorizar-me.

— Claro que sim, querida irmã, mas, antes, a irmã terá que solicitar autorização de Euzébio, chefe dos assistentes. Quanto a Estefânio, falarei com ele e tenho certeza de que ficará feliz em tê-la na equipe.

E a pobre mãe, entre risos e lágrimas, esfregava as mãos, demonstrando grande ansiedade, sem que pudesse contê-la.

— Graças a Deus — continuou Alzira —, o meu pobre Horacídio está prestes a terminar o seu triste martírio. Teve o seu físico marcado pela hanseníase, porém, jamais reclamou do sofrimento. Tenho certeza de que essa conformação diante da dor converter-se-á em notas de alegria em seu futuro.

— É, minha querida irmã... Nossos deslizes do passado, dependendo de seu grau, condicionam as nossas formas físicas a estados deploráveis. Deus, porém, em Sua infinita bondade, coloca os recursos em dosagens compatíveis para que qualquer mal seja sanado. Como o seu filho foi sempre resignado diante da dor, essa condição o fará livre e feliz ao deixar a vestimenta carnal que a hanseníase transformou num farrapo humano.

Após as sábias considerações de Oviedo, a auxiliar do Assistente Teodomiro, lembrando-se do adiantado da hora, agradeceu e voltou ao seu posto de trabalho esperançosa, pois, naquela noite, estaria em companhia dos **Amigos da Luz** e poderia rever e abraçar o seu filho querido.

Já passava da meia-noite quando a equipe dos **Amigos da Luz** deixou Porto Esperança rumo à Terra. Informado por Oviedo de que a mãe de Horacídio Cerqueira e moradora da colônia também iria; o chefe da equipe socorrista, satisfeito, fez as devidas apresentações antes de iniciarem a descida ao mundo terreno.

Alzira já tinha descido algumas vezes em visita ao filho querido, mas em companhia de Euzébio, o abnegado ser que, compadecido de seu sofrimento, intercedera junto a Oviedo e se dispusera a acompanhá-la. Agora, no entanto, o motivo da visita era mais forte, e o seu ânimo também. Sentia-se outra pessoa e descia em companhia de uma equipe com condições de ajudar o tesouro do seu coração.

Nas vezes anteriores, a pobre nem pôde apreciar a beleza da vastidão cósmica, tanta era a ansiedade que a consumia. Agora, porém, tudo era diferente, e ela contemplava o clarão prateado da Lua, que mais parecia um farol a iluminar o mundo dos homens, e as estrelas, que pareciam mais belas, muito mais cintilantes...

Porém, a Mãe-Terra, berço de bilhões de criaturas, mesmo ostentando as luzes artificiais das cidades, parecia envolta em penumbras. Alzira, acanhada e um tanto sem jeito, arriscou uma pergunta a Estefânio:

— Generoso benfeitor, o que vêm a ser aquelas aglomerações amorfas e pastosas por cima das cidades? Será algum efeito da chamada poluição?

— Sim, não deixa de ser uma poluição, mas de um tipo diferente e bem mais difícil de ser eliminada. Aquela espécie de nuvem negra, nada mais é do que as emanações mentais desequilibradas dos habitantes do planeta. Se as criaturas da Terra controlassem as emissões de pensamentos negativos, esse tipo de poluição não existiria. Pensamentos egoísticos, cheios de ódio, somente criam trevas e, a partir daí, todos os desajustes, todos os desatinos, toda maldade...

— Desculpe-me se o importuno, querido irmão...

— Fique tranquila, Alzira, não sou nenhum professor, mas, do que sei, posso dar esclarecimentos...

— Obrigada, querido irmão. Poderíamos dizer, então, que a enfermidade que vergasta o corpo de meu Horacídio teve origem na sua emissão mental, poluída em existências passadas?

— Sim, não tenha dúvidas. Qualquer mau ato, praticado contra alguém, teve, como nascedouro, uma mente doentia. Porém, do pensamento negativo até a ação degradante e infeliz, pode existir todo um envolvimento, sustando ou corroborando para que o ato se concretize. Foi por isso que o Cristo afirmou: *Orai e vigiai para que não entreis em tentação.* (Mateus, 26:41).

A essa altura, os **Amigos da Luz** já estavam nas dependências de uma colônia de hansenianos situada num dos estados brasileiros.

Em poucos segundos, a casinha de Horacídio, de apenas dois cômodos, aparecia toda iluminada; em nome do Todo-Poderoso, uma vez mais, acendia-se **uma luz dentro da noite.**

Num leito, um pobre homem, beirando os cinquenta anos, gemia, enrolado em um cobertor.

Num doce enlevo, como um anjo protetor, aquela amorosa mãe se aproximou do filho, abraçou-o carinhosamente e começou a dizer-lhe ao ouvido: *Fique tranquilo, meu filho, a hora de sua libertação está próxima. Confie em Deus, seja forte, pois Ele não desampara a ninguém.*

A irradiação espiritual, em forma de luz, que partia daquele coração de mãe, era algo tão maravilhoso que as palavras, já incorporadas aos dicionários terrenos, jamais poderiam definir. O pobre

Horacídio se sentiu feliz sob o influxo daqueles braços. Metaforicamente, diríamos que o pobre era semelhante a uma erva tenra que desmurchasse após receber um jato d'água refrescante.

Aproveitando aquele momento em que mãe e filho davam plena mostra de tudo o que Jesus ensinou sobre o amor; todos da equipe, a um sinal de seu chefe, deram-se as mãos, e o abnegado Estefânio orou a Jesus:

Querido Mestre e Senhor:

A caminhada humana é cheia de dores, de lágrimas, de momentos tristes e desesperadores. Sabemos, no entanto, querido Jesus, que nunca abandonaste nenhum sofredor à própria sorte. Sempre estás conosco, nos caminhos que escolhemos seguir. Não nos deixes, Senhor, aderirmos aos acenos da inércia e, muito menos, do desânimo, cruel destruidor de nossas melhores esperanças.

Que possamos Te seguir os passos, Senhor, hoje e sempre, pois para nosso benefício, traçaste, na Terra, o caminho certo e verdadeiro: o caminho do amor.

Nesta noite, Mestre Sublime, estamos ao lado deste Teu filho que está colhendo os últimos frutos amargos de sua desastrosa semeadura. Dá-lhe, Mestre Amado, as forças necessárias, para que possa, no momento oportuno, sair desta, para uma vida melhor, e bem mais feliz.

Que assim seja, Senhor!

Com a mesma meiguice de antes, a pobre mãe ficou a afagar o deformado rosto do filho, enquanto Estefânio e equipe percorreram as moradias dos habitantes daquela colônia, levando a cada criatura o conforto espiritual.

Finda a breve visita, retornaram para a casinha de Horacídio, a fim de chamar Alzira. Ao chegar em frente ao pequeno tugúrio, Estefânio pediu à equipe que o aguardasse ali fora, pois ele iria chamá-la. Adentrou o quarto do doente e encontrou a pobre mãe ajoelhada e em prantos.

Aguardou Alzira terminar o *Pai Nosso,* que recitava com forte emoção e, após, tocou-lhe de leve nos ombros, convidando-a para partir. A pobre criatura, com os olhos marejados de lágrimas, assim desabafou:

— Veja, querido irmão, a que triste estado o

meu pobre Horacídio chegou no final de sua existência terrena! Com os lábios incompletos, apenas com um tiquinho da orelha esquerda, nariz carcomido pela morfeia[9]... É triste demais para o coração de uma mãe!

— Compreendo a sua dor, irmã querida... Creio que somente uma mãe que tenha galgado um alto grau de espiritualização entenderia o porquê do triste fim de um corpo que tenha gerado com tanto amor e carinho. Somente entenderia e aceitaria, porque, melhor que nós, ela conhece a bondade e a sabedoria de Deus.

— Eu sei, irmão Estefânio, que tudo o que Deus faz é perfeito, mas me sinto na condição de uma mãe que se desespera ao ver o seu pobre filho apodrecendo em vida.

— Alzira, o que acontece com os delinquentes da Terra? Não é mais ou menos o que está acontecendo com o seu filho? No mundo terreno, não se aplica uma maior pena para um delito maior?! Fique tranquila, irmã, o seu amado filho

---

9. MORFEIA – Palavra de pouco uso, significando mal de Hansen ou lepra.

libertar-se-á, em poucos dias, desse corpo, dessa horrível prisão. Confie em Deus, nosso Pai Eterno, pois Ele sabe o que está fazendo.

Agora um pouco mais calma, enxugou as lágrimas, que desciam aos borbotões pela face, e dispôs-se a acompanhar o abnegado mensageiro de Deus.

Lá fora, o azul estelar ostentava um magnífico colorido, pois dava para se ver, ao longe, os rubros raios do sol que anunciavam um novo dia.

9

O DESENLACE

Duas semanas depois, Alzira e Euzébio acompanharam Rafael e equipe, os encarregados de atender Horacídio em seus instantes finais, para que mais um prisioneiro, que amargara dias terríveis na prisão da carne, conseguisse se libertar e voltasse a respirar ares mais afáveis.

Os últimos minutos do pobre enfermo, no vaso carnal, foram cruciantes. As terríveis dores, que nem mesmo a *talidomida* conseguia abrandar, levaram o seu coração a uma fortíssima taquicardia e o cansado órgão, responsável pela manutenção da vida física, não aguentou.

Rafael e equipe, diligentemente, acudiram-no no momento extremo, pois o pobre mais parecia um pequeno pássaro que voejava, a ponto de ferir-se na gaiola, tamanha a loucura em busca da liberdade. Assim que Horacídio se reconheceu fora do vaso físico, suspirou aliviado e disse: *Graças a Deus, consegui...*

Alzira, que se postava atrás da equipe de socorro, adiantou-se e gritou:

— Meu filho!...

E pôs-se a chorar feito uma criança. Euzébio, que pressentira o que iria acontecer, amparou-a, dizendo-lhe baixinho ao ouvido:

— Calma, Alzira, está tudo bem! Seja forte, pois as emoções exacerbadas costumam transformar as alegrias em imprevisíveis transtornos. Seu filho já está livre e, graças a Deus, tem condições de ir conosco. Você já imaginou quantos desencarnam na Terra, a cada instante, abandonados, sem ter sequer uma noção do que está acontecendo?

— É verdade, meu querido irmão! Sem a luz

interior do conhecimento, quase sempre deixamos o coração falar mais alto que a razão.

Em nosso mundo tão carente de amor, somente os que amargam as mesmas dores, os mesmos padecimentos, dão provas do que é solidariedade; os vizinhos de Horacídio foram chegando um após outro e, dentro de alguns minutos, o pequeno quarto do enfermo estava repleto de pessoas querendo ajudar.

Na humilde construção, onde Horacídio se refugiara por longos anos, dava para notar uma cena por demais comovente, mas que contrastava, e muito, com o que se vê no mundo atual: muitos homens e mulheres, com os rostos deformados, estavam solícitos e prontos a ajudar, ao passo que, na vivência terrena, pessoas gozando de boa saúde, providas de recursos, fogem das obras de benemerência e até de simples obrigações sociais.

Quando os primeiros raios solares começaram a clarear aquelas casinhas, chegaram uma assistente social e um médico que, ao saberem do falecimento de um dos moradores da colônia, vieram fazer as anotações, a fim de preparar o Atestado de Óbito e demais documentos necessários para que Horacídio fosse sepultado.

Rafael, nesse momento, convidou sua equipe e os acompanhantes, Euzébio e Alzira, para orarem juntos, a Deus, pelo término de mais uma tarefa.

Após a fervorosa oração que Euzébio fez agradecendo ao Pai Eterno, os Abnegados Mensageiros Celestes alçaram voo rumo a Porto Esperança, levando mais uma alma que soubera vencer, com resignação, os sofrimentos do mundo.

Ao chegarem à colônia espiritual, todos os integrantes da equipe socorrista se despediram do enfermo, desejando-lhe paz. Horacídio foi internado, ficando algumas semanas numa das enfermarias do Hospital Amor Fraterno. Nesse tempo, o enfermo recebeu o tratamento fluidoterápico, imprescindível para que fosse revitalizado suficientemente, pois, atendendo ao pedido da mãe, o filho passaria a morar junto dela.

Assim, na primeira noite, após o filho estar hospedado na casa da mãe, Euzébio, com quem Alzira há tempo trabalhava, fez-lhes uma visita de cortesia. Tocando de leve a campainha, foi atendido pela amiga e auxiliar do departamento que comandava, e a cumprimentou:

— Boa noite, irmã! Tudo bem?!

— Oh! Sim, graças a Deus. Com a presença do meu querido filho, esta casa se transformou num paraíso. Entre, querido Euzébio, seja bem-vindo ao nosso humilde lar.

— Obrigado, com licença...

Euzébio se ajeitou, comodamente, no sofá, e perguntou:

— Como está o nosso querido doente?

— Está bem. Descansando um pouquinho... Vou chamá-lo; tenho certeza de que ele vai adorar a sua visita.

— Não é melhor deixá-lo descansar? Voltarei outra hora...

— Não, não... Fique, por favor. Saiba que ele simpatizou muito com o irmão. Já é hora de ele ir enturmando-se com os moradores de Porto Esperança. Dê-me licença, sim? É só um instante...

Dentro de poucos segundos, mãe e filho apareceram na sala, e Horacídio nem parecia ser o pobre hanseniano de dias antes. As vibrações espirituais da colônia lhe fizeram muitíssimo bem. Ele estava revigorado, o rosto sem nenhuma cicatriz e os antigos lábios bipartidos, agora, sorriam de felicidade.

Euzébio se levantou e, após abraçá-lo, perguntou-lhe:

— Como vai indo de morada nova, Horacídio?

— Otimamente bem. Não poderia ser melhor e não mereço tanto. É um local tranquilo e repleto de paz e, ainda mais, ao lado de uma mãe cujo amor a transformou em um anjo.

Vários assuntos foram ventilados: gratidão e reconhecimento por parte do ex-enfermo, dedicação ao estudo sugerido por Euzébio e, finalmente, Alzira, a devotada mãe, lembrou-se da necessidade do trabalho como uma terapia salutar.

Horacídio que, com o olhar distante, buscava

lá fora, através da vidraça, algo que só ele vislumbrava, falou:

— Se Deus quiser, hei de vencer! Vou estudar e, na primeira oportunidade que me surgir à frente, atirar-me-ei em qualquer serviço que aparecer.

— Ó meu filho, como é bom ouvi-lo falar assim...

A conversa entre os donos da casa e o nobre visitante transcorria num clima afetuoso e de muita paz. Num dado momento, porém, quando Euzébio afirmava que os sentimentos de culpa, mais cedo ou mais tarde, acabam por vincular o culpado aos sofrimentos oriundos dos erros transatos, Horacídio, concordando, recordou a sua triste história:

"Em minha existência passada, antes de ser Horacídio, vivi na capital de um dos estados da região centro-oeste do Brasil. Fui alguém que adotou o regime do celibato por opção, pois seria complicado envolver-me emocionalmente com alguém.

Ainda mocinho, após os estudos, comecei a trabalhar numa casa de jogos noturnos, primeiramente como segurança e, depois de alguns anos, tornei-me o braço direito do patrão. O Sr. Jarbas era proprietário de diversas casas de jogos e, endinheirado, sempre conseguia safar-se quando surgiam problemas. Eu, o seu *testa de ferro*, é que tinha que resolver tudo. Pode não parecer, mas essa condição me deu uma certa visão desses negócios clandestinos, porém, quem lucrava mesmo era o patrão.

Aquela vida foi cansando-me, pois eu tinha que estar à frente de tudo... E sempre à noite. Quantas vezes, descansando tranquilamente, pois trabalhara à noite, tinha que me levantar para livrar a cara do patrão.

Não aguentando mais, procurei-o e pedi que me dispensasse do serviço, pois eu estava ficando doente e sabia que aquele serviço estava afetando-me a saúde. Ele me pediu, então, para continuar por mais uns dias até colocar alguém de confiança em meu lugar. Uma semana depois, o seu segurança particular me substituiu.

Quando nos sentamos para o acerto de contas, Jarbas me fez uma proposta irrecusável. Pediu-me para tomar conta de uma fazenda que adquirira, de uma maneira tão ao seu gosto, sob a pressão do medo e da violência. O antigo proprietário, inveterado jogador, teve que transferir a fazenda para seu nome, como parte de uma grande dívida de jogo.

Aceitei de pronto. Seria uma maneira de mudar de ares e de fugir daquele ambiente horroroso, distante das baforadas dos tabaqueiros.

Comprei o que achei necessário, inclusive contratei cinco homens de minha confiança e mudamos na semana seguinte. A fazenda estava em completo abandono, as poucas casas estavam vazias e precisando de reparos. Com muito trabalho, em pouco mais de um mês, colocamos tudo em ordem e começamos a percorrer a área da fazenda. Acabamos, então, por descobrir uma jazida, talvez de ouro, mas velha e abandonada.

Ao pesquisarmos, atentamente, as outras partes daquelas esquecidas e inaproveitadas terras, deparamo-nos, logo ao sair da mata, com indícios de algo brilhante entre os cascalhos que cobriam o leito daquele córrego.

Com esforços redobrados, intensificamos as buscas e conseguimos encontrar o que procurávamos. Durante seis anos, então, exploramos a nova mina, sem sermos molestados por ninguém, pois a fazenda estava localizada numa região pouco habitada.

A produção do ouro extraído era assim dividida: 40% eram meus e 12% para cada um dos companheiros. O somatório da produção dos diversos anos de intenso trabalho era algo significante. Até poderíamos considerar-nos pessoas riquíssimas, porém, a quietude do local e a ausência de bisbilhoteiros não durou muito tempo. Numa tarde, ao voltarmos tranquilos para casa, fomos atacados por alguns homens mal-encarados. No entanto, como conhecíamos bem o local, levamos vantagem contra-atacando e conseguimos, depois de muitas trocas de tiros, expulsá-los. Porém, como chacais[10], que conseguem perceber carnes em decomposição à distância, aqueles homens tinham farejado o ouro de nossa mina.

Naquela noite, reunimo-nos e achamos melhor darmos o fora, pois já tínhamos ouro suficiente e, se ficássemos, estaríamos arriscando nossas

---

10. CHACAL: Espécie de cão selvagem e feroz que se alimenta de carnes putrefatas.

próprias vidas. Com toda a certeza, os homens voltariam com reforços e mais armas. Fugimos, mas deixamos uma surpresa na mina: uma arroba de explosivos, colocada em locais estratégicos, seria suficiente para soterrá-la e também eliminar qualquer intruso.

Alguns meses depois, um jornal da região publicou uma matéria, em sua primeira página, informando que doze garimpeiros morreram na explosão de uma mina na fazenda Pedra Branca. O autor daquela matéria pintou a tragédia de maneira dantesca, dizendo que os corpos apresentavam graves queimaduras, sérias mutilações e que os rostos ficaram irreconhecíveis.

Um ano depois, soube, por acaso, que três dos cinco homens que haviam estado comigo, tinham sido mortos misteriosamente. Temendo ser o próximo, fugi para o Paraguai, mas de nada adiantou. Num sábado chuvoso, em uma noite, em que forte tempestade parecia querer destruir o mundo, fui atacado pelas costas. Dos quatro disparos, dois me acertaram e caí sem vida, sendo despejado como um mau inquilino daquele pobre corpo.

O DESENLACE

O fascínio pela posse do ouro terreno me empurrou sob o domínio da ganância. Com ela a dominar-me, acumulei ouro e mais ouro que, no entanto, não me fez mais alegre e nem mais feliz, pelo contrário, fez-me seguir pelos caminhos do medo, da insegurança, até a mira da arma assassina.

Desde aquela noite, envolta em trevas, quando tombei no piso encharcado do hotel em que me hospedava, perambulei sem rumo por anos a fio sem ter noção de rumo. Um dia, porém, depois de amargar fome, frio e sofrimentos inimagináveis, vi-me envolto em roupas macias, quentinhas e embalado por carinhosos braços: os braços de Alzira Pompeu de Cerqueira, minha adorada mãezinha.

Fui um menino alegre e feliz até o dia do chamamento para a prestação de contas à Justiça Divina. Era preciso corrigir o mau feito. Num passado não tão distante, por minha culpa, algumas criaturas tiveram os seus corpos destroçados pela explosão de uma mina. Agora, era a minha vez de colher, através da hanseníase, os frutos da minha infeliz semeadura".

10

O APRENDIZ

Numa terça-feira, bem cedo, Oviedo solicitou a Alzira que retornasse até sua casa para dar um recado ao filho. Este, ao vê-la, perguntou-lhe:

— O que houve, mamãe? Já de volta?

— Está tudo bem, graças a Deus, meu filho. Vim para trazer-lhe uma boa notícia. Domingos de Oviedo está querendo falar com você. Ele o espera em sua sala.

— Ó mamãe, espero que seja sobre o serviço... Como estou ansioso para recuperar o tempo perdido!

— Então, vamos, Horacídio, o tempo não para...

Dentro de poucos minutos, mãe e filho estavam na presença de Oviedo que, para sossegá-los, disse-lhes:

— O Pai Misericordioso nunca deixa de lado as criaturas que anseiam por renovação, dando-lhes meios de recuperarem o tempo que se perdeu. Até ontem, Horacídio, você era apenas um tutelado da colônia, mas, a partir de agora, no entanto, você poderá ser um seareiro da equipe de Melquíades. Ontem, ele me informou de que Romano descerá à Terra para nova reencarnação dentro de alguns meses e, assim, pediu-me substituição. Como fiquei sabendo, através de sua mãe, que você está ansioso para trabalhar aqui na colônia, nada mais justo aproveitarmos essa oportunidade.

— Ó querido irmão Oviedo, nem sei como agradecer-lhe — disse, emocionado.

— Não é preciso me agradecer, querido irmão. Como seria bom se todas as criaturas tivessem essa sua disposição. Quantos adoradores da inércia deixam a Terra, completamente atrofiados. A preguiça, em qualquer tempo e lugar, é como a ferrugem numa enxada longe do trabalho: aos poucos, apresenta deterioração.

No término daquelas sábias palavras, eis que Melquíades surge à porta. Depois dos cumprimentos e das apresentações, Oviedo lhe recomendou:

— Querido Melquíades, o nosso irmão Horacídio, depois de estagiar num corpo de carne, enfrentando uma provação duríssima, aqui foi recolhido, graças à intercessão e merecimento de nossa querida Alzira. Está matriculado em um dos cursos de preparação, sob os cuidados do nosso bondoso Aristarco, e ansioso para começar uma vida nova. Gostaria que, paralelamente ao atendimento dos necessitados do umbral, fosse-lhe ensinado sobre a grande importância do amor, do carinho, da serenidade e da necessidade de vigilância mental.

— Com o maior prazer, querido Oviedo. Tudo farei para que o filho de Alzira se sinta à vontade conosco e que possa estar dando, em poucas semanas, o melhor de si em seus atendimentos.

O pobre Espírito, como uma criança presenteada, agradeceu a Domingos de Oviedo e acompanhou Melquíades até onde se encontrava o pessoal da *Caravana da Esperança*.

Dentro de poucos minutos, Horacídio, um tanto acanhado, estava acomodando-se dentro daquele veículo estranho. E, em segundos, aquela espécie de ônibus, de forma cilíndrica, deixava a colônia para entrar na zona umbralina. A finalidade da incursão à zona densa e trevosa era a de socorrer as criaturas necessitadas, que nos últimos tempos, como desencarnados, só experimentavam o acicate da dor, do medo e do desespero atroz.

O novo integrante da equipe, embora tenha passado em existências passadas por maus momentos nas zonas sombrias, espantava-se, agora, com as ruidosas gargalhadas, com os gritos lancinantes e com as figuras de aspectos horripilantes que se esgueiravam, para se esconderem atrás de arbustos, ramadas de cipós espinhosos, enquanto alguns passavam correndo, adoidados, na frente da caravana.

Ao lembrar-se do que falara Oviedo sobre a necessidade da vigilância mental, um assunto desconhecido para ele, perguntou a Melquíades:

— Querido irmão, desculpe-me pelo atrevimento e também pela minha ignorância. Oviedo falou sobre o amor e sobre o carinho que devemos ter para com as infelizes criaturas do umbral, mas encareceu também a necessidade da serenidade e da vigilância mental. Como devo proceder?

— Explicar é simples, Horacídio, no entanto, serenidade e vigilância mental, na prática, são assuntos complicadíssimos! **Serenidade** significa autocontrole, disciplina. Já nos deparamos enésimas vezes, aqui, e na Terra, com situações em que nos foi exigida uma enorme dose de serenidade. Perder o controle, em circunstâncias embaraçosas, é sempre indício de que temos um longo aprendizado a ser feito e, em muitos casos, significa um desastre para nós e para os que jornadeiam ao nosso lado, principalmente se forem nossos oponentes. Quanto à **vigilância mental**, poderíamos dizer que é do pensamento invigilante que nasce quase a totalidade dos atos que infelicitam a humanidade.

Não podemos afirmar que todos os maus atos estejam inclusos nesse contexto, porque existem os atos praticados repentinamente e sob certos impulsos, e até mesmo pelos reflexos de autodefesa. Não houve, nesses casos, uma premeditação, porém, podemos estar certos: quando todas as criaturas, aqui e no mundo terreno, mantiverem pensamentos bons, positivos, a alegria e a felicidade reinarão entre todos.

– Deus do Céu! Quanto a nossa humanidade tem ainda que aprender! Quando não pela maldade, quase sempre as criaturas agem pelos instintos – comentou Horacídio.

– Infelizmente, é assim. Um dia, porém, passarão a agir sob o influxo da razão e, bem mais além, daqui a alguns milênios, já mais espiritualizados, agirão pelos sentimentos, objetivando somente o bem.

A equipe composta de seis integrantes, supervisionada pelo abnegado Melquíades, vencia a distância, apesar do ambiente hostil e denso em que se encontravam. O amor, o devotamento, o equilíbrio das emoções, o conhecimento profundo de como agir em quaisquer circunstâncias eram bases necessárias para um atendimento seguro.

À medida que avançavam, seres de feições animalescas gesticulavam e grunhiam como feras ameaçadoras. Para Horacídio, não acostumado àquelas cenas, tudo aquilo era tétrico e apavorante. Jamais pensara que houvesse locais como aquele: um verdadeiro *Inferno de Dante*.

Num determinado trecho daquela triste caminhada, um tanto curioso, o filho de Alzira perguntou:

— Irmão Melquíades, o que estamos presenciando acontece somente aqui ou existem outros lugares iguais a este?

— Existem lugares — respondeu o Mensageiro — que, contando, ninguém iria acreditar. As trevas do umbral, aqui ou em qualquer parte nas circunvizinhanças, de qualquer latitude da Terra, é sempre um antro das mais gritantes atrocidades. Não há privilégios na Justiça Divina, pois cada filho de

Deus traz impresso nos refolhos da própria alma, noções do bem e do mal, e agem livremente. Porém, *a semeadura é livre, mas a colheita é obrigatória.* — Paulo (Gálatas, 6:7).

    Depois de mais alguns minutos, adentrando nas zonas umbralinas, a um sinal de Melquíades, o condutor do veículo o estacionou em uma espécie de clareira, onde alguns tênues raios de sol teimavam em afugentar as trevas ali reinantes. O chefe da equipe solicitou que formassem um círculo e, em seguida, fez a seguinte recomendação:

    — Irmãos queridos, a tarefa de hoje não difere em nada das anteriores e é tão importante quanto as outras, pois é nosso dever dar sempre o melhor de nós em nome do Pai Celeste. Todavia, é bom estarmos cientes de que estamos nos movimentando no meio de seres maldosos e inteligentes e, por isso mesmo, devemos estar precavidos a todo instante. Além do mais, temos em nossa companhia a presença do nosso querido Horacídio, que está em fase de aprendizado e precisa, mais do que nunca, da nossa cooperação para que se integre à nossa equipe. Hoje, além dos quatro assistidos, que costumeiramente socorremos, temos que levar conosco um parente do querido assistente Epaminondas, que está sob as garras de antigos inimigos do passado. Tal Espírito, tão logo seja possível, deverá descer compulsoriamente ao mundo terreno, pois traz a mente, desde a última existência carnal, sob o domínio de completa idiotia.

Depois da breve preleção, Melquíades dividiu a equipe em dois grupos, saindo cada um para um lado e com funções definidas: Norberto, Alencar e Duílio iriam fazer as pesquisas normais; Jurandir, Horacídio e Melquíades iriam à procura de Altino.

A pesquisa, ou a procura de qualquer Espírito dentro da zona umbralina, é algo que exige, além da perspicácia, um adequado treinamento, paz interior e muito amor no coração.

Talvez alguém, consciente ou inconscientemente, questione: "Mas os Caravaneiros não são Espíritos de Luz?"

Digamos que são Espíritos em busca de sua autoiluminação. Esses seres têm conhecimentos, valores morais e virtudes em grau proporcional ao seu adiantamento, sendo que a evolução humana se faz através do esforço, da persistência de cada um e não pela vontade ou pelo querer da criatura. A inteligência do sábio, e as virtudes do santo foram conquistadas ao longo do tempo, numa sequência de perseverantes esforços. Precisamos levar em consideração que, procurar alguém num local como o umbral, onde o caos estabeleceu o seu império, é algo extremamente complicado e difícil, por tratar-se de zona com trevas compactas, de ambiente pesado e, às vezes, asfixiante.

Decorridas seis horas de intensa pesquisa, foram recolhidos e acomodados no veículo quatro enfermos em estado de extrema penúria, e mais Altino, que Melquíades, Horacídio e Jurandir resgataram junto a uma corja de Espíritos maldosos, vampirizadores de alta periculosidade.

Depois de tudo preparado, a uma ordem de Melquíades, Jurandir colocou o veículo em movimento, e a *Caravana da Esperança* voltou tranquila para o sossego e a paz de Porto Esperança.

11

A TERAPIA DO TRABALHO

PORTO ESPERANÇA, POUSO ACOLHEDOR, ALÉM DE RECOLHER OS ENFERMOS RECÉM-CHEGADOS DA TERRA ou das zonas umbralinas, também procurava beneficiar aqueles que, depois do tratamento, quisessem dedicar-se ao estudo ou a algum tipo de trabalho.

Com o passar do tempo, os próprios Espíritos procuravam por ocupação que os fizesse esquecer os desacertos da vida anterior e foi o que aconteceu com Horacídio que, depois de algum tempo de tratamento, demonstrando gratidão pelo muito recebido, solicitou um serviço através de sua mãe e se integrou à equipe de Melquíades. Assim também aconteceu com outros seres que foram atendidos pela equipe dos **Amigos da Luz**. *Antes do descanso almejado é preciso cansar-se na lavoura do bem!*

Depois de ser beneficiado e já estar há longos meses na colônia, chegou a vez de Sinvaldo Gian Rozas. Após um longo e difícil tratamento para que se desvencilhasse da mórbida sensação de paralisação do sistema nervoso, procurou pelo Dr. Esmeraldo Sarttelli e solicitou uma ocupação na colônia. O pedido que Sinvaldo fez foi um tanto inusitado: não queria uma ocupação qualquer, uma vez que ele trouxe da Terra uma certa cultura.

Sarttelli o recebeu, carinhosamente, em sua sala e, depois de anotar-lhe o nome e o tipo da ocupação desejada, falou-lhe:

— Querido Sinvaldo, eu vou passar a sua solicitação ao irmão Oviedo, mas é meu dever avisá-lo de que pode demorar um pouco. Quando se aceita qualquer atividade, tudo fica mais fácil...

— Tudo bem, Dr. Esmeraldo. Enquanto não surgir esse trabalho, continuarei a ser um assíduo frequentador da Biblioteca Luz Divina, pois tenho sede de conhecimento.

— Ah, sim! Uma leitura nobre sempre edifica...

Tanto quanto na Terra, existem, nas colônias espirituais, bibliotecas com um acervo enorme e inimaginável de livros: livros religiosos, filosóficos e de todas as ciências estudadas no mundo terreno. Assim sendo, os futuros cientistas que descerão à Terra começam o aprendizado no Além.

É uma pena que na atualidade terrena, muitas criaturas não se interessem tanto pelos livros; comportam-se como o viandante inexperiente que, mesmo sedento, passa rente à fonte cristalina sem pressentir-lhe a existência.

Passado quase um ano, Oviedo solicitou a presença de Sinvaldo para uma breve entrevista. Um tanto sem jeito por estar há tanto tempo usufruindo as bênçãos prodigalizadas pela colônia, sem dar nada em troca, o pobre Espírito se anunciou e, logo após, estava em frente a Oviedo para a entrevista.

Domingos de Oviedo, bondosamente, perguntou-lhe:

— O querido irmão fez um pedido especial e

só agora surgiu a oportunidade esperada. O irmão ainda mantém o propósito de trabalhar aqui em Porto Esperança?

— Oh! Sim, irmão Oviedo. Demorei demais para entender que qualquer trabalho é sempre uma bênção.

— Pois bem, dentro de alguns dias, a irmã Gladys, encarregada dos "Registros Gerais", deverá afastar-se de suas funções, pois, brevemente, descerá à Terra para mais uma experiência carnal. Assim, essa função terá de ser preenchida. O irmão aceita ocupar esse cargo?

— Com todo o prazer, irmão Oviedo, e muito obrigado por conceder-me essa oportunidade de trabalho.

— Agradeça a Deus, o Pai de todos nós, por ter colocado, na bênção do trabalho, o remédio para quase todos os males da vida...

Sinvaldo, naquele mesmo instante, foi levado por Oviedo até a presença de Gladys que o recebeu carinhosamente, prontificando-se a inteirá-lo de todos os procedimentos da função.

Assim, Sinvaldo, por duas semanas, teve a presença da futura reencarnante, sendo por ela orientado, dando graças a Deus pela sua integração aos serviços da colônia.

Quando temos um sonho especial e, acomodados, esperamos que ele se realize, permitimos que as instabilidades do nosso dia a dia transformem os nossos sonhos em pesadelos.

Nada existe de mais inquietante do que a insatisfação pelo que somos ou pelo que fazemos e nenhum dos nossos objetivos se concretizará se nos acomodarmos à sombra da inércia. Sendo assim, a laborterapia só surtirá efeito quando nos engajarmos de corpo e alma a um trabalho edificante.

Gladys iria renascer na zona rural de um pequeno município paranaense, a fim de ajudar seus pais, dos quais também fora filha em uma existência passada e também a alguém por quem se enamorara e que agora teria como um irmão muito querido.

A ex-encarregada dos registros gerais de Porto Esperança, ao renascer, seria filha daqueles Espíritos e lhes daria todo o apoio para que saíssem vitoriosos nos embates da nova jornada terrena.

Um mês antes de sua descida à Terra, para vincular-se ao seu futuro corpo, Gladys procurou Oviedo e solicitou:

— Querido irmão Oviedo, falei ontem à noite com Estefânio e o bondoso irmão me confidenciou que descerá, ainda esta semana, para prestar socorro a Vicente, meu futuro pai. Falei-lhe da possibilidade de descer juntamente com a equipe para visitar a minha futura família, e o bondoso chefe da equipe socorrista concordou, mas solicitou que eu falasse com o irmão. O senhor me autoriza?

— Claro que sim, Gladys. Quem se afeiçoa ao trabalho e o exerce com dedicação, sempre terá créditos em seu favor. Cento e dezoito anos de trabalho é algo que deve ser levado em consideração...

— Oh, irmão querido, muito obrigada! As suas alentadoras palavras são como a fonte amiga que sempre nos sacia a sede...

No final daquela semana, mais precisamente na sexta-feira, Gladys e a equipe de Estefânio se prepararam para visitar, naquele sítio do município paranaense, a sua futura família.

Vicente, depois de um acidente sofrido no campo, não mais conseguira se recuperar. O futuro pai de Gladys era sitiante e muito lutava para o sustento da família: Denilson, um filho portador de problemas mentais e segregado a uma cadeira de rodas, e Aurora, sua esposa querida.

O sitiante, cerca de dois anos atrás, sofrera a queda de um cavalo e nunca mais foi o mesmo no trabalho do sítio. Agora, grande parte das terras férteis deixou de ser cultivada e, colhendo menos, a pobre família começou a passar por sérias dificuldades.

Para piorar o angustiante quadro, Aurora, que já fora suicida numa existência passada, diante do amontoado de problemas, começou a alimentar, em seus pensamentos, a ideia de autodestruição. Tais pensamentos, de uma certa maneira, chegaram até Gladys, Espírito sensível que, mesmo vivendo no *outro lado da vida*, sempre esteve ao lado da antiga família, como um Anjo Tutelar.

Para impedir que Aurora cometesse o mesmo desatino do passado, foi que Gladys deixou o posto de encarregada dos arquivos de Porto Esperança para ingressar nas experiências da carne e ajudar aqueles Espíritos muito amados, tornando-se novamente parte daquela família.

Assim, naquela noite, pela bondade de Deus, ali estava a equipe, não só para ajudar Vicente e amenizar as suas dores físicas, mas também com a finalidade de auxiliar Aurora para que fosse suprimida de sua mente a nociva ideia do suicídio.

Era aproximadamente uma hora da madrugada quando a equipe adentrou naquela simples moradia. O interior da casa de Vicente permanecia mergulhado em penumbra, pois somente um lampião, quase se apagando, preso a um arame que descia de um dos caibros, fornecia uma pequena claridade. Porém, apesar de estarem todos recolhidos, dava-se para ouvir o ressonar agitado de Denilson no quarto ao lado, o estalido da cama quando Aurora virava de um lado para o outro, sem conseguir pegar no sono, e os gemidos de dor do infortunado chefe de família. As influenciações negativas, reinantes naquele lar, assemelhavam-se a uma camada de fumaça carregada de toxinas, causando sensações de terrível mal-estar.

Além do que se podia visualizar, materialmente falando, alguém cochilava recostado a uma mesa. Era um Espírito todo envolto em trevas, como alguém que se mantivesse de sentinela. A infeliz criatura não pôde ver, mas pressentiu a presença dos mensageiros da equipe de Estefânio e, num sobressalto, levantou-se e gritou:

— Quem está aí?

Estefânio se aproximou da entidade desencarnada, tocou-lhe levemente nos ombros e falou:

— Fique tranquilo, somos de paz...

— Onde vocês estão escondidos? Pois não os vejo...

— Estamos bem ao seu lado, mas isso não importa no momento, pois aqui estamos para socorrer esta família que você está prejudicando...

— Eu não! Não prejudico ninguém! Apenas pediram para que eu vigiasse a dona da casa. Solicitaram que, a qualquer desajuste dela, eles fossem informados.

— Eles quem?

— Meus patrões... Enzo e Mirella D'Alencar.

— O que você está ganhando para desempenhar essa tarefa?

— Prometeram dar-me dez barras de ouro puro...

— E como você vai apanhar todo esse ouro? E onde vai gastá-lo? Você ainda não desconfiou de nada? Já tentou afastar do lugar esta cadeira, onde estava, há pouco, sentado? Tente...

— É mesmo! É por isso que tenho de falar ao ouvido de Aurora para que ela faça o que eu quero?!

— Sabe o que está acontecendo? Você não tem mais aquele corpo de carne com o qual agia no mundo dos chamados vivos. Você já morreu para o mundo terreno. Você é um Espírito...

— Meu Deus, e agora?

— Agora, você tem somente que mudar suas atitudes. Deixar de trabalhar para os outros e trabalhar para você mesmo.

— Mas como, se há tanto tempo tento conversar com os outros e ninguém me atende? Não fosse a presença de Enzo e Mirella quando vêm até esta casa, eu estaria, não sei há quanto tempo, sem trocar uma palavra com uma viva alma!

Assim, de uma maneira bem simples, o chefe dos caravaneiros, desempenhou o papel de *orientador,* como se costuma denominar o dirigente de uma reunião espírita, ao atender a um Espírito, necessitado de esclarecimentos.

Penalizado pela ignorância do vigia de Enzo e Mirella, Estefânio deixou que se adensasse a luz que o envolvia, tornou-se visível ao pobre obsessor e, demonstrando bondade no olhar, falou:

— Leonardo, como um Espírito livre, você não pode mais ficar aceitando ordens de ninguém e, tampouco, ficar perambulando por aí. Você é um filho do Pai Altíssimo e, como tal, não deve ficar perturbando ninguém. Procure recordar o prejuízo que Enzo e sua companheira causaram a Vicente, derrubando-o do animal, e dos malefícios que aquela queda causou dentro deste lar. Ajudando-os, você se tornou cúmplice desse mal... Se por uma infelicidade, Aurora tivesse posto um termo à vida, você também seria responsável, e seria também um criminoso.

— Meu Deus! Eu não sabia! Fui enganado e pensei que pudesse usufruir ainda das riquezas da Terra, mas se estou morto, de que me servirá o ouro? Estou muito arrependido... Arrependido e envergonhado! Quando vocês forem embora, poderei ir junto? Tenho medo do Enzo e daquela víbora da Mirella...

— Claro que pode, meu irmão! Deus não desampara a ninguém. Quando um de seus filhos se arrepende sinceramente e busca ajuda, o Pai Bondoso sempre estende as suas dadivosas mãos!

12

A AJUDA

Depois desse breve colóquio entre Estefânio e Leonardo, a equipe socorrista passou a dar assistência a Vicente que, mesmo vinculado ao corpo físico pelo cordão fluídico, permanecia ensimesmado numa das dependências da casa, alheio a tudo o que estava acontecendo.

A pedido do chefe da equipe, Gladys se aproximou de seu futuro papai e o envolveu com carinho, solicitando-lhe que pensasse em Deus e orasse. O pobre sitiante, pensando estar vivendo um sonho ao ver a bela jovem ao seu lado, perguntou-lhe:

— Quem é você? Onde estou?

— Mantenha-se calmo e procure pensar em Deus, o nosso Pai de Amor e Bondade!

— Não é possível! Estou falando com você sem ouvir a minha própria voz, e nem a sua... Devo estar sonhando...

— Vicente — disse-lhe Gladys —, quando nos afastamos do corpo físico, durante o sono, nós, Espíritos imortais, podemos ter sonhos ou pesadelos, dependendo daquilo que pensamos ou fazemos durante o dia, porém, você não está sonhando... Apenas se encontra em estado de vigília enquanto o seu corpo dorme.

— Mas se eu não sou nenhum Espírito e nem um fantasma, o que sou?

— Você é um Espírito ou uma alma, como preferir, mas ainda está ligado a um corpo de carne. Acompanhe-me. Vamos dar uma volta pelo pomar e depois voltaremos.

Algum tempo depois, a bondosa Gladys conduziu Vicente até ao local onde o seu corpo dormia, após ter sido atendido por Estefânio e seus companheiros.

Usando avançada técnica de infiltração, Estefânio aplicara um líquido viscoso, com um aparelho tubiforme de pequena dimensão, entre as duas vértebras lesionadas pela queda do cavalo. Tal medida, além de amenizar as dores do pobre sitiante, também retificaria o tecido ósseo para que ele pudesse movimentar-se e até trabalhar sem nenhuma dificuldade.

Em seguida, enquanto o bondoso Estefânio explicava a Vicente o porquê daquele procedimento, reconduzindo-o ao corpo, Gladys e Inocêncio foram buscar Aurora que, agoniada, debatia-se em um terrível pesadelo.

Pode parecer estranho, mas o pobre Espírito estava a poucos metros de sua própria casa, lutando desesperadamente para desembaraçar-se de horripilantes imagens criadas pela sua mente doentia. A pobre ignorava estar em meio ao pomar do sítio e, em sua mente conturbada, pensava estar bem distante, numa casa antiga, tentando fugir de criaturas perversas que, por algum motivo, queriam aprisioná-la.

Aproximando-se de Aurora, Gladys lhe tocou levemente a fronte, chamou-a pelo nome e, instantaneamente, o pobre Espírito retornou, como que sugado pelo próprio corpo que dormia. Segundos após, depois de ajustar-se ao vaso carnal, Aurora acordou com o coração aos saltos...

Nesse momento, Estefânio e sua equipe aplicaram, através do passe, fluidos revitalizantes para retirar as influenciações negativas, fortalecendo, assim, aquela mente cansada e, então, a futura mãezinha de Gladys voltou a dormir tranquilamente. Em seguida, a equipe se aproximou de Denilson e também o beneficiaram através do passe magnético.

Depois de orarem a Deus, agradecendo pelas bênçãos da noite, os caravaneiros, a uma ordem do bondoso chefe, voltaram a Porto Esperança, levando Leonardo, que decidira dar um novo destino à sua vida.

No sábado pela manhã, ao acordarem, o ambiente daquela casa estava completamente mudado. Vicente se levantou disposto como nunca e sem nenhuma dor. Aurora, longe de Leonardo, o vigia de Enzo e Mirella, sentia-se outra pessoa, mais alegre e com vontade de cantar. Até mesmo Denilson, gesticulando com as mãos, pediu que o levassem para fora, pois ansiava ver as avezinhas que voavam de galho em galho no pomar.

Cinco meses e meio depois, embalada pelos amorosos braços de Maria de Lucena, um dos Espíritos mais antigos da colônia e diretora do Departamento de Registros Gerais, Gladys desceu para iniciar mais uma caminhada terrena. Todo o carinho e cuidado recebido por ela, naquele momento, era o prêmio tão merecido pelas tantas décadas de serviços prestados em Porto Esperança.

As estrelas distantes, quais luminosos faróis, saudavam a equipe que descia à Terra para vincular aquele bondoso Espírito ao seu futuro corpo.

Dentro de nove meses, aquele meigo Espírito renasceria no mundo dos homens, como Rosângela, mas para os habitantes de Porto Esperança, Gladys seria sempre lembrada como sinônimo de dedicação e serviço.

Durante o tempo de gestação, por duas vezes, Aurora foi assediada por Enzo, Mirella e dois trevosos obsessores. Não se conformando com a deserção de Leonardo, o casal de Espíritos e inimigos declarados dos futuros pais de Rosângela tentaram instalar naquele lar os dois novos serviçais. No entanto, Junqueira, *visitador* da colônia, encarregado de seguir de perto a evolução do restabelecimento dos assistidos e desenvolvimento gestatório dos futuros reencarnantes, avisou a Oviedo, que enviou uma escolta de vigilantes e, assim, os empregados de Mirella e Enzo bateram em retirada e nunca mais voltaram.

No tempo previsto para o nascimento do bebê de Aurora, uma equipe, sob o comando do Dr. José Bruno, esteve presente, fazendo de tudo para que a antiga encarregada dos registros de Porto Esperança começasse a nova jornada com saúde e paz.

Rosângela era esperada com muita ansiedade pelos pais e, de uma certa maneira, por Denilson que, mesmo tendo a mente embotada, sabia que a mamãe iria ter um bebê.

Aquele nobre Espírito renunciara à vivência tranquila da colônia para ajudar a antiga família, pois era seu desejo semear o amor sem máculas no coração paterno e impedir que sua mãe se perdesse, novamente, diante das tentações e provações terrenas, uma vez que Denilson, o antigo admirador, pelo cadinho da dor, já estava em franca recuperação.

Ao retornarem a Porto Esperança, Dr. José Bruno, querendo inteirar-se dos problemas cármicos envolvendo Gladys, Aurora e família, procurou por Domingos de Oviedo e lhe perguntou:

— Querido Oviedo, sempre me senti envolvido pelo fascínio de Gladys quando me aproximava dela e por um sentimento doce, além de uma forte

A AJUDA

atração que nunca consegui entender... Creio que já estivemos juntos em algum lugar, mas num passado distante, pois quando me submeti a uma "operação" para conhecer meu passado, foi-me permitido abarcar somente duas existências anteriores. O querido irmão poderia dizer-me algo sobre o nobre Espírito que vinculamos ao vaso carnal ontem à noite e sobre seus familiares?

— Querido José Bruno, sabedor que sou da louvável intenção que o querido irmão tem em ajudar Rosângela e seus familiares, não me custa nada inteirá-lo do que sei, mesmo porque, é nosso dever apoiar sempre as iniciativas que visem o bem de nossos semelhantes. Acompanhe-me, vamos caminhar um pouco pelo bosque e, enquanto caminhamos, contarei o que sei...

"Aproximadamente, há três séculos, Rosângela, o bebê que Aurora hoje afaga carinhosamente, foi também sua filha. Tudo começou no seio de uma família tradicional e abastada, cujo nome, quando pronunciado, infundia admiração e respeito.

Viviam faustosamente, numa cidade italiana, onde a beleza da filha e a riqueza dos pais eram motivos de cobiça e tramas bem urdidas, pois ensejava a qualquer *bello ragazzo* um bom casamento e à sua família, uma *dolce vita*.

Estamos falando de Francesco, de Gina Rampiazzi e da bela Sofia, um anjo capaz de enlouquecer qualquer homem pela sua exuberante beleza.

A filha dos Rampiazzi tinha, na época do triste acontecimento, dezessete para dezoito anos, e era, realmente, um anjo de bondade, estando sempre alegre, prestativa e pronta a entrar em defesa de todos os injustiçados, até mesmo dos serviçais da própria casa.

Uma outra família, os D'Alencar, tinha um filho dois anos mais velho que Sofia, de nome Carlo. Era, porém, uma família sem tradição alguma: rica, mas de um enriquecimento malvisto, pois, simplesmente, era fruto das negociatas do velho Enzo. Quando Sofia e Carlo se encontravam, geralmente em festas, os jovens procuravam um ao outro, mesmo que fosse somente através dos olhares. Francesco, porém, que não desgrudava da fi-

A AJUDA

lha quando saíam, mantinha constante vigilância e, para prevenir, proibira Sofia de dirigir a palavra ao pobre Carlo.

Assim, o jovem casal teve de enfrentar o triste drama daqueles que se consomem por um amor impossível. Ela, tal qual belíssima e refulgente estrela, a namorá-lo na distância do infinito, e ele, como um lago sereno, procurava emoldurá-la nas águas de sua doce paixão. O onirismo a extravasar de seus corações apaixonados, propiciava-lhes o clima perfeito para que vivessem no mundo dos que sofrem por amor... *o sonhar acordados.*

Alguns anos mais tarde, triste acontecimento veio dar um novo rumo ao amor proibido dos jovens enamorados. Foi numa época de festa, quando a cidade recebia visitantes de diversas regiões da Itália e de países vizinhos, que tudo aconteceu.

A família Rampiazzi recebeu, por ocasião dos festejos, uma família de amigos: os Continni. Tal família, Eros, Florência e o filho Julius, ficaram hospedados, durante uma semana, na casa de Francesco Rampiazzi. E ali, na varanda daquele rico solar, sem que Sofia fosse consultada, Francesco e Eros firmaram um acordo de casarem seus filhos.

A pobre moça só tomou conhecimento do fato quando foi cumprimentada, recebendo os parabéns dos pais e da família de Julius. Ao ser surpreendida pela notícia, Sofia se trancou em seu quarto e chorou amargamente.

Diante da recusa da moça, Julius ficou entristecido, pois, assim que a vira, apaixonara-se perdidamente por ela. Entretanto, não querendo causar constrangimentos à pobre moça e à sua família, Julius pediu desculpas aos amigos de seus pais e voltou para casa sozinho. Porém, Francesco, que nunca recebera um *não* como resposta, garantiu, a Eros e esposa, que o compromisso entre os jovens continuaria, pois ele iria conversar com a filha, fazendo-a mudar de ideia.

Na noite seguinte, quando as duas famílias retornaram para casa, depois do término da festa, não encontraram Sofia. Ficaram apreensivos, aflitos, sem saber onde procurá-la, quando entrou Angelina, a velha cozinheira, e entregou a carta deixada pela filha, contando o que decidira fazer de sua vida.

Na carta, ela pedia desculpas aos pais, a Julius e à família dele, pela decisão de não querer anular-se, acatando a decisão do pai. *Anulação jamais... Não quero viver como mamãe sempre viveu*, foram as suas taxativas palavras.

Um mês depois, Sofia mandou um lacônico bilhete, dando ciência de que tinha ingressado em um convento e pedia que a esquecessem, pois queria viver a sua vida com Cristo no coração".

13

CONTINUANDO O
RELATO

O VIEDO FEZ UMA BREVE PAUSA EM SEU RELATO, ENQUANTO DR. JOSÉ BRUNO, MOVIDO POR uma grande ansiedade, esperava pelo arremate da empolgante história, pois, até o presente momento, parecia não se ajustar a nenhum dos personagens.

Como um bom observador, Oviedo notou a ansiedade do companheiro, e continuou:

"Uma mescla de apatia e tristeza tomou conta daquela mansão. Já não se via o gracioso vulto da jovem Sofia andando pelos corredores, nem pelos jardins e nem, tampouco, ouvia-se a sua adocicada voz e nem as suas gargalhadas. Tudo mudara de repente.

Enquanto isso, em outra parte da cidade, alguém sorvia, na amarga taça da solidão, o fel do desprezo. Era o pobre Carlo D'Alencar que, angustiado e sem perspectiva de melhores dias, ao saber que sua amada entrara para uma ordem religiosa, entregou-se ao desespero e à loucura.

Mês e meio depois da partida de sua musa a um convento desconhecido, o pobre Carlo, não suportando a saudade, apontou uma arma para o próprio crânio e suicidou-se.

Nem é preciso enumerar as raivosas imprecações, nem as multiplicadas maldições que Enzo e Mirella D'Alencar dirigiram à família de Sofia. Para eles e, principalmente, para Mirella, o culpado da morte do filho querido era Francesco Rampiazzi, por não permitir o romance dos dois. Desejavam, ardentemente, que ele se consumisse, um dia, nas chamas infernais".

"Francesco, que mantinha um relacionamen-

UMA LUZ DENTRO DA NOITE

to difícil com a esposa, pois foram obrigados pelos pais a se casarem, agora, sem a presença da filha, resolveu contratar os serviços de uma jovem, na tentativa de amenizar um pouco a tristeza do solar. A escolhida foi uma moça de pouca cultura, mas que, mesmo sendo da plebe, era inteligente, graciosa e bela.

Catarina, a nova empregada, percebeu, logo nos primeiros dias, certas insinuações de Francesco, mas, de caráter firme e reto, fazia de conta que não entendia as intenções do patrão, pois precisava do emprego. Gina, como sempre, portava-se como um autômato dentro da casa e jamais perceberia o que estava acontecendo. Somente Angelina percebeu e ficou atenta.

O senhor do solar dos Rampiazzi, no entanto, não parou por aí... Vendo que não teria a menor chance de conquistar a confiança de Catarina, resolveu enredá-la sordidamente. Numa tarde em que Gina saiu de carruagem com Betina e Giuseppe, Francesco colocou um relógio caríssimo na bolsa da nova empregada, sem que ela percebesse e, logo após, procurou por ela, acusando-a de tê-lo roubado.

CONTINUANDO O RELATO

A pobrezinha, diante do fato e, chorando, dizia que não fizera tal coisa... Que ela não era uma ladra. Então, fechando a porta do quarto e retirando a chave, Francesco fez a proposta indecorosa: só não a denunciaria se ela se entregasse a ele e, mesmo lutando com todas as suas forças, a pobre foi covardemente violentada.

Alguns meses depois, Catarina contou a Angelina que estava grávida, que não sabia o que fazer e contou à cozinheira do solar que aquele animal nojento a desonrara, explicando-lhe a maneira pela qual o desalmado conseguira o seu intento.

Angelina, que sabia onde se encontrava Sofia, pagou a um rapaz para entregar-lhe uma carta, que chegou às mãos de Sofia no dia seguinte. Diferentemente das explicações dadas aos pais, Sofia não se enclausurara num convento, mas estava na casa de uma tia, por parte da mãe.

Ao inteirar-se da barbaridade cometida por seu pai e, condoída pela situação da pobre Catarina, resolveu voltar para dar um basta nos desmandos do senhor Rampiazzi, pois, pelo que entendera na carta, seu pai se tornara um devasso".

"Retornou ao lar dois dias após o recebimento da carta que Angelina lhe enviou e chamou o pai às falas. Francesco quis contestar e tentou colocar a filha em seu devido lugar. Gina, porém, que estava chegando e que, até então, ignorava a gravidez da empregada, ouviu tudo e ficou muito irritada, promovendo o maior escarcéu que, transpondo os muros da mansão, ficou conhecido em toda a cidade.

A situação no solar dos Rampiazzi ficou insustentável. Francesco ameaçou despedir a empregada grávida, porém, Sofia jurou que se Catarina fosse posta para fora dos portões da casa, ela também iria embora e jamais voltaria. Com esse argumento, Francesco Rampiazzi se aquietou e tudo continuou como dantes.

A turbulência que atingira aquela mansão, serenara, e tudo parecia ter voltado ao normal, até o dia em que encontraram a dona da casa, morta. Gina se suicidara tomando veneno.

Desfechando a triste história, para não prolongá-la em demasia, Sofia, o doce anjo daquele solar, cuidou para que Caio, o filho de Catarina, e seu meio irmão, fosse registrado com o sobrenome Rampiazzi, tendo assim, o direito de estudar nas melhores escolas daquele tempo e ter uma vida digna".

— E é por isso, meu caro — continuou Oviedo —, que você sempre se viu atraído pela meiga presença de Gladys, sua antiga protetora. O amor, no seu sentido mais amplo, jamais se extingue e continua a exercer, como um imã, a sua forte atração.

— Então, quer dizer que a querida Gladys foi, no passado, a nossa protetora e também minha irmã por parte de pai?

— Sim, além de protetora de tantas outras criaturas, pois, como você, ela também reencarnou, após viver como Sofia, em solo brasileiro, ajudando a antigos companheiros de outras existências. Os seres abnegados que assimilam verdadeiramente os ensinos do Mestre Jesus, onde quer que estejam, são sempre anjos bondosos a proteger e a conduzir...

— Perdoe-me, querido Oviedo, mas além de Aurora, que sabemos ter sido Gina na existência anterior, quem eram, naquele tempo, Vicente e Denilson?

— O Vicente, de agora, é Francesco Rampiazzi, reencarnado, e Denilson, o pobre e infeliz Carlo D'Alencar que, levianamente, comprometeu-se perante a Justiça Divina com o suicídio.

Geralmente, quando os filhos de Deus transgridem as Leis da Vida, através da autodestruição, enclausuram-se nas frias grades do esquecimento, para acordarem, mais tarde, ralados de remorso e sob o guante de inenarráveis padecimentos.

A conversa amistosa entre Domingos de Oviedo e o Dr. José Bruno estava interessantíssima, porém, o tempo se escoara rapidamente, pois ele jamais espera por alguém. E Oviedo, percebendo que a noite se aproximava e que tinha um compromisso, falou:

— Pois é, querido irmão, a Lei de Deus não subjuga e nem força a ninguém, pois cada criatura é livre para escolher o seu próprio caminho e são elas próprias que, imprevidentemente, escolhem os ásperos desvios ou se atropelam, complicando-se. Mas vamos andando, pois alguém me espera...

O digníssimo diretor do Amor Fraterno voltou para sua sala e, dentro de alguns minutos, alguém batia. Era Estefânio, que vinha apanhar o *PAE — Programa de Atendimento Espiritual*, e conversar sobre o atendimento da noite.

Após o fraternal abraço recebido de Oviedo, o encarregado dos Amigos da Luz falou:

— Querido Oviedo, o assunto que me traz à sua presença se refere a um pedido. Nesta noite, vamos descer ao Triângulo Mineiro a fim de ajudarmos o paizinho de Inocêncio. No entanto, creio que Inocêncio não tenha ainda condições psicológicas para nos acompanhar. Pensei em falar com ele, explicando-lhe a delicadeza da questão, mas temi mexer com sua suscetibilidade e fiquei com receio

UMA LUZ DENTRO DA NOITE

de melindrá-lo. O irmão teria alguém para substituí-lo por esta noite?*

— Bem lembrado, querido Estefânio. Toda criatura que tenha condições de evitar que os companheiros que caminham, rente aos seus passos, sofram, tem o dever de fazê-lo... Realmente, em se tratando de ajuda espiritual, qualquer emoção exacerbada pode redundar em prejuízo...

Enquanto o chefe dos caravaneiros aguardava, Oviedo pensou, por uns segundos, e calmamente falou:

— Já sei o que pode ser feito. Vamos solicitar a Antunes que troque de posto com Inocêncio. Tenho certeza de que a novidade será benéfica para os dois, mas principalmente para Antunes. Afinal, é sempre bom aprender algo novo.

— Ótimo, irmão Oviedo, daqui a pouco eu

(*) N.A. — A medida acima, analisada pelo ponto de vista terreno, pode sugerir uma falta de transparência, falta de sinceridade... Estefânio, porém, assumira, consigo mesmo, o compromisso de levar Inocêncio à casa de seus familiares na primeira oportunidade. Assim que seu paizinho estivesse se sentindo bem.

Quando todas as criaturas estiverem vivenciando o amor do Cristo na face da Terra, qualquer ato, por mais constrangedor que seja, não causará transtornos e nem aborrecimentos, pois o verdadeiro amor elimina qualquer aresta.

comunicarei a mudança a Inocêncio... E quanto a Antunes?

— Fique tranquilo, Estefânio, conversarei com Fabiano, seu chefe, e explicarei o motivo da troca. Pedirei a Fabiano que mande alguém avisar Antunes sobre a mudança de sua atividade nesta noite.

Enquanto Oviedo se dirigia à sala de Fabiano, a fim de comunicar a troca dos dois auxiliares, Estefânio foi até a casa de Inocêncio e lhe explicou o motivo da troca, apenas omitindo o endereço e o nome do necessitado que receberia a ajuda da equipe naquela noite.

14

UNINDO ESFORÇOS

Inocêncio recebeu Estefânio em sua casa com enorme carinho e lhe pediu que entrasse:

— Obrigado, querido irmão... Não posso me demorar, pois aqui estou a pedido de Oviedo. Ele solicitou a você para que, nesta noite, substitua Antunes, no Amor Fraterno...

— Tudo bem, querido Estefânio. Hoje à noite, estarei lá na enfermaria B. É bom relembrar a antiga ocupação e rever os antigos companheiros...

Por volta da zero hora do relógio terreno, os

Amigos da Luz desceram até uma casinha humilde no Triângulo Mineiro. Dentro da pobre casa, um silêncio total. Apenas podia-se ouvir, lá fora, o cri-cri dos grilos e o crocitar das corujas, que os donos da casa acreditavam ser de mau agouro.

Os mensageiros celestes, no afã de propiciar o quanto antes o alívio ao velho José Inocêncio, procuraram melhorar, através da prece, a atmosfera trevosa que ali se estabelecera. Além dos fluidos, impregnados de influências negativas e deletérias, a equipe, bondosamente, retirou uma entidade sofredora que ali vivia como se pertencesse à família.

Assim que harmonizaram o ambiente daquela choupana, a equipe se aproximou do enfermo a fim de ajudá-lo. Constatou-se, em estado avançado, uma formação cancerígena na próstata. A infecção, já quase crônica, e o aumento das micções, começaram a gerar dores lancinantes, fazendo com que o pobre José Inocêncio, beirando os setenta e três anos, andasse agoniado. Tornara-se um peso aos familiares, que já se encontravam sob o efeito de estafa, física e mental. O pobre José se levantava com frequência à noite e, mesmo fazendo uso de um urinol, muitas vezes acordava a esposa e os filhos, pois o ato da micção lhe era dolorido.

Diante do quadro apresentado, Estefânio solicitou ajuda à colônia e, em alguns minutos, o Assistente Teodomiro se juntava à equipe.

O nobre mensageiro celeste se acercou do enfermo, fez um minucioso exame no órgão comprometido pelo câncer e ponderou:

— Infelizmente, a falta de orientação e a precariedade do sistema de saúde de muitos países têm causado óbitos bem acima da média dos centros mais civilizados. Via de regra, quando a criatura não tem um conhecimento básico do funcionamento de um órgão, procura, tardiamente, a Medicina, somente preocupando-se quando aparecem as dores. E, em muitos casos, tarde demais...

— É o caso de José Inocêncio — complementou Estefânio. — Só que, vivendo no campo, o pobre treme só de ouvir falar em médicos, hospitais e injeções. Quantas criaturas existem no mundo que confundem tudo! Os que acham que a dor e o sofrimento, em geral, são provas, acomodam-se e não procuram curar-se e muitos outros vivem à espera de milagres. O sofrimento pode até ser uma prova, mas não é por isso que o doente deve cruzar os braços e ficar esperando. Qualquer descuido na saúde pode acarretar a morte prematura, o que não deixa de ser um suicídio. Quanto aos que buscam a cura, através da fé, estão desinformados, em sua maioria, pois São Tiago disse claramente: *Assim como o corpo sem Espírito é morto, assim também a fé sem obras é morta.* — *(Tiago, 2:26)*

Depois das breves considerações entre o assistente e o chefe da equipe, Teodomiro se aproximou do enfermo, tocou de leve em sua fronte e permitiu que seu Espírito se desligasse, parcialmente, daquele corpo doente. Em seguida, enquanto o corpo de José Inocêncio dormia tranquilo, Teodomiro solicitou a Hermínio que levasse aquele Espírito a uma caminhada pelo campo, coisa que o pobre, em seu enfraquecimento, não fazia há longos meses.

Solicitando que a equipe fizesse um círculo em torno do enfermo, o nobre Teodomiro fez uso de um minúsculo instrumento que emitia um som em alta frequência e, habilmente, o introduziu no baixo-ventre daquele corpo magérrimo. Em seguida, acionou o instrumento, emitindo um jato de luz azulada e, aos poucos, as células cancerígenas, em toda extensão do duto até ao colo da bexiga, foram extintas.

Finda a cirurgia espiritual, a equipe aguardou a chegada de Hermínio, que reconduziu José Inocêncio ao corpo, agora dormindo mais tranquilo e, em seguida, Teodomiro, seguido, mentalmente, pelos abnegados mensageiros, agradeceu a Jesus com uma belíssima prece:

Senhor Jesus!

Imenso é o Vosso amor, a Vossa bondade, pois estais sempre ao nosso lado suprindo-nos as falhas. Em nossa longa caminhada pelo mundo, estivestes sempre rente aos nossos passos, para que não nos perdêssemos nas tortuosidades dos caminhos. Agora, livres do vaso carnal, continuais conosco nos momentos em que ajudamos a todos os necessitados a superarem as suas crises.

Obrigado, Senhor, pela Vossa Divina Presença junto de nós... Dai-nos forças para que estejamos atentos dian-

te do sofrimento alheio e que jamais sucumbamos diante de quaisquer obstáculos. Que eles sejam para nós, Senhor, irmãos muito amados e degraus ascensionais a aproximar--nos mais e mais do Vosso Imenso, do Vosso Divino Amor!

Que assim seja, Senhor!

Foram momentos maravilhosos e gratificantes a toda a equipe, aquele do envolvimento e da união de pensamentos na comunhão da prece. Quando a criatura eleva os pensamentos em prece, aos Planos Superiores, para implorar ou agradecer, estabelece-se um vínculo que o raciocínio mais aguçado não consegue apreciar devidamente, pois lhe falta termos de comparação.

Enquanto o assistente Teodomiro orava, raios safirinos de uma luminosidade intensa se espargiam sobre todos os presentes, criando um clima de harmonia e de imensa paz, envolvendo beneficamente aquele lar e seus moradores.

O cérebro humano que, a todo instante, idealiza, cria e aperfeiçoa o inimaginável, é incapaz de criar o clima afável e, ao mesmo tempo, sublime, da integração da criatura com o seu Criador.

Foi por essa razão que o Cristo nos brindou com a magnífica apoteose do Tabor[11], tendo, por expectadores, simples pescadores, e não uma seleção de sábios e menestréis, se porventura escolhesse a intelectualidade dos gregos.

Ao encerrar a belíssima oração, os mensageiros celestes se prepararam para a partida, tendo agora a companhia do Espírito que viveu por longos anos perturbando a família Inocêncio. Tal entidade seria internada no Amor Fraterno para que pudesse, doravante, conhecer o atual estado em que se encontrava e trabalhar em prol do seu progresso espiritual.

No dia seguinte, Domingos de Oviedo foi cientificado pelo encarregado da enfermagem da noite, que um Espírito doente, vindo em companhia da equipe de Estefânio, na madrugada,

---

11. TABOR – Monte da Galileia, local onde Jesus transfigurou-se na presença de três discípulos. – (Mateus, 17:2).

estava internado na ala A, quarto 34, leito 16, e que se encontrava em péssimas condições. Além da mente em completo desequilíbrio, seus órgãos internos, usados displicentemente na última romagem terrena, apresentavam seriíssimos distúrbios.

Oviedo recebeu, com carinho, a informação do plantonista e, após desejar-lhe um ótimo descanso, agradecendo, falou:

— Muito obrigado pela informação, querido Jonas, daqui a pouco irei visitá-lo. Se Deus quiser, no próximo plantão, você o encontrará em melhores condições.

— Com certeza, querido irmão! O Pai Excelso jamais abandona um de seus filhos!

Após assinar algumas autorizações e tomar conhecimento de outras, que esperavam o seu aval, Oviedo foi até o quarto 34, da ala A, a fim de observar de perto o estado do novo enfermo.

Aproximou-se do leito 16 e endereçou um afetuoso olhar ao seu ocupante. Era alguém cuja desolação deixava transparecer tanta angústia e tristeza, tal qual um viandante sedento e extenuado pelo cansaço.

Oviedo renteou o leito e perguntou ao doente:

— Como vai o meu querido amigo?

— Como Deus permite, companheiro... Já nem sei há quanto tempo eu estou nessas condições. Até já perdi a esperança de melhoras, meu pobre corpo já deve estar calejado por tantas dores...

— Qual é o nome do irmão?

— Elivaldo Tenório, um seu criado...

— Obrigado, amigo Elivaldo... Sou Domingos de Oviedo e aqui estou em nome de Jesus para ajudá-lo. Você sabe qual é a sua atual condição?

— Como assim? Não entendi...

— O irmão já sabe que é um Espírito?

— Ahn?! É?! Só se eu for mesmo... Não entendo nada dessas coisas de Espiritismo. Só sei que, há um bom tempo, tento conversar com os outros e ninguém me dá atenção...

— É porque você não está usando mais aquele corpo que usava, enquanto estava encarnado. Na conceituação do mundo, você já morreu, mas, na verdade, ninguém morre.

— É bom saber disso, Sr. Domingos. Se eu já morri, essa "bendita" dor não irá me matar. Um problema a menos para preocupar-me. Quando alguém como eu, que só teve uma religião, apenas para ter uma, e que se tornou, como se diz, um *Maria vai com as outras,* percebe uma réstia de luz, já fica esperançoso de escolher o melhor caminho.

Oviedo lhe aplicou energias revitalizantes, através do passe, pediu-lhe serenidade, recomendando-lhe manter somente bons pensamentos e prometeu voltar mais vezes. Em seguida, pediu a Elizete que solicitasse ao Dr. Figueira para procurá-lo mais tarde, pois precisava falar sobre esse paciente.

15

A COLHEITA

Duas horas mais tarde, Figueira batia delicadamente à porta de Oviedo para estudar o caso de Tenório. Segundo a apreciação de Oviedo, o pobre Espírito morrera prematuramente, devido a alguns excessos cometidos na ultima existência, o que coincidia com o parecer de Figueira. Além disso, seu estado mental era deplorável, sendo que, muitas e muitas vezes, da calmaria e da lucidez, o enfermo passava a um mórbido enfurecimento. Outras vezes, esmurrava o ar, parecendo lutar contra forças desconhecidas.

— O que podemos fazer em favor de Elivaldo? — perguntou Figueira.

— Temos que deixá-lo fortalecer-se por alguns dias e, depois de um estudo detalhado, através dos antecedentes dos seus últimos tempos na Terra, levá-lo ao passado, para podermos ajudá-lo com mais eficácia.

— Creio que seja a decisão mais acertada. Quando o querido irmão quiser, pode contar com a minha ajuda. Estarei sempre às ordens, irmão Oviedo.

Numa de suas costumeiras visitas, duas semanas após, Oviedo perguntou ao enfermo:

— Querido Elivaldo, algumas informações a seu respeito chegaram até mim e assim pude ficar sabendo que, às vezes, o irmão tem crises nervosas. Quando e como começaram?

— Não me lembro bem, Dr. Oviedo, porém, às vezes, vagas lembranças passam por minha cabeça, mas não consigo fixá-las. Parece-me que as fantasmagóricas figuras que me assombram, noite e dia, são as mesmas de outrora...

— Tudo bem, querido irmão, fique tranquilo! Procure manter bons pensamentos e serenidade. Deus nunca nos abandona à própria sorte.

Ao deixar o quarto, depois da visita que fez ao doente, Oviedo se dirigiu à sala de Figueira para, juntos, traçarem o plano de ajuda ao pobre enfermo.

Atentamente, o médico ouviu, em poucos minutos, as informações referentes ao que Oviedo pôde constatar na visita feita momentos antes e, após ouvir, considerou:

— O nosso querido Elivaldo deve ter consigo algum motivo muito forte para ser perseguido...

— Em sua última reencarnação — esclareceu Oviedo —, Tenório esteve vinculado a alguns adversários de vida anteriores sem ter conseguido alijar, de dentro de si, as amarras do ódio. Na última existência terrena, mormente, quando sob o efeito da bebida, muito penou sob o jugo dessas influenciações. Infelizmente, o pobre traz consigo um processo de culpa que o desequilibra constantemente.

— Concordo, querido irmão...

— Figueira, se não houver nenhum impedimento de sua parte, gostaria de convidá-lo a começarmos hoje mesmo o tratamento do nosso querido Elivaldo.

— Estarei livre após as vinte horas — concordou Alcino —, e ficarei no aguardo do querido irmão aqui mesmo em minha sala.

— Este horário para mim está perfeito... Até mais tarde, então...

Assim, sob a inspiração do Alto, aqueles devotados mensageiros iriam unir seus esforços para socorrer mais uma alma em nome de Jesus.

Poucos minutos antes das vinte horas, Oviedo bateu levemente à porta da sala de Figueira, e os dois se dirigiram ao quarto 34 para darem início ao tratamento de Elivaldo Tenório.

O serviço de enfermagem, atendendo à solicitação de Alcino Figueira, já tinha colocado o paciente em uma maca e aguardava para levá-lo até a sala adrede preparada para a operação da noite.

Antes de iniciar, como de costume, oraram a Deus, rogando ajuda e bênçãos em favor do enfermo, para que o mesmo pudesse, através da mente, ser levado ao encontro da causa geradora de seus angustiantes problemas.

Ao término da comovente oração feita por Oviedo, Elivaldo já se encontrava em sono profundo. O seu semblante era o de uma pessoa que estivesse dormindo normalmente, pois de sua face, nenhum sinal, nenhum ricto transparecia; nem de alegria e nem de dor. Mas, instado a voltar mentalmente no tempo, o pobre Espírito, agora inseguro, passou a transmitir uma certa instabilidade ao seu corpo astral, pois seus olhos semicerrados começaram a mover-se como se, pressionados, quisessem saltar para fora das órbitas oculares, parecendo estar presenciando cenas chocantes e desagradáveis.

No entanto, sob a benéfica influência dos mensageiros, Elivaldo se aquietou e, aproveitando a aparente calma do Espírito em transe, Domingos Oviedo lhe segredou mansamente ao ouvido, aconselhando-o:

— Tenório, confie em Deus e em nós também, pois tão somente queremos beneficiá-lo. Você irá presenciar cenas de seu passado. Cenas de um passado infeliz, onde muitas vezes, imprevidentemente, você cometeu atos que agora atormentam a sua vida presente. Talvez, a sequência de imagens que se desenrolará à sua frente, apresente alguma cena desagradável e chocante. Mesmo assim, continue firme, e seja forte. Quem quer se livrar de seus males, não pode recusar uma cirurgia complexa e nem rejeitar remédios amargos.

E sob o influxo benéfico de Oviedo e Figueira, o Espírito Elivaldo Tenório deu expansividade ao cordão fluídico e, mentalmente, passou a delinear a sua triste história:

As nítidas imagens, agora observadas atentamente pelos dois mensageiros de Jesus, mostravam movimentada rua da capital de um dos estados da região sudeste. Muitos transeuntes circulavam por entre carros que andavam vagarosamente, como se estivessem à procura de um endereço específico.

UMA LUZ DENTRO DA NOITE

Logo à frente, onde luzes coloridas envolviam a silhueta de belíssima mulher, esculpida na parede em alto-relevo, num piscar contínuo, dava-se para ler: "Night's Club", uma mescla de cassino e casa dos prazeres.

Ali, naquele antro, acontecia de tudo. Lágrimas de desespero vertidas de olhos sonolentos de perdedores no jogo, cenas de violência praticadas por bêbados contra frágeis mulheres, abusos gerados pelo efeito de ingestão alcoólica e, finalmente, atos de selvageria cometidos pelo proprietário que nunca queria abdicar de seus lucros.

Luiz Hélio, o proprietário, era um solteirão que deixara o chão nordestino ainda criança e se aventurara na cidade grande, com o firme propósito de enriquecer-se.

De início, como vulgarmente se diz, *comeu o pão que o diabo amassou,* porém, de gênio forte, obstinado e sem escrúpulos, enriqueceu, de tanto fazer trambiques. *Que os outros se danem, eu quero é dar-me bem,* esse era o seu lema.

Já adulto, surgiu-lhe a oportunidade de trabalhar em uma casa noturna e foi justamente ali que Elivaldo, ou melhor, Luiz Hélio, começou a semear os espinhos que agora colhia. Primeiramente, trapaceou de todas as maneiras e, logo depois que conseguiu conquistar a confiança do patrão, apoderou-se do estabelecimento, acarretando, com isso, acerbos padecimentos para expiar no futuro.

Tal como se o tempo disparasse a tecla *avançar,* as cenas entrevistas por Oviedo e Figueira, deixaram-nos boquiabertos e estarrecidos...

Foi numa noite bem movimentada, quando todas as mesas da casa de diversão estavam ocupadas por casais de riso solto, de alegria forçada pelo efeito alcoólico, que tudo aconteceu. A madrugada já caminhava para o alvorecer, quando o estampido de uma arma de fogo causou o maior alvoroço, e um pobre homem foi morto no quarto de Detinha, a preferida dos frequentadores daquele antro de perdição.

Helião, como era conhecido, entrou logo em ação e, espertamente, espalhou a notícia de que foi um disparo acidental, tudo para não envolver o nome do estabelecimento com a polícia. Em seguida, mandou dois homens de confiança retirarem o morto pelas portas do fundo e jogá-lo nos trilhos de uma via férrea.

As manchetes e as fotos dos jornais, no dia seguinte, fizeram o povo acreditar que um homem embriagado se atirara à frente do trem das cinco. Mal sabiam que a infeliz criatura, devedora de uma boa quantia no jogo, havia sido alvejada, propositadamente, por um dos seguranças, a mando de Helião.

E a mente de Elivaldo, como um projetor previamente programado, passou a exibir cenas de um desentendimento entre Soraya e o proprietário daquele malfadado estabelecimento.

A pobre moça, infeliz criatura, cuja lei da vida passou a cobrar-lhe o que semeara de mal no passado, além de ter sido posta para fora de casa pelo pai, que não aceitou a ideia de ter uma filha grávida, ainda solteira, viu-se em sérias dificuldades.

Não adiantaram as lágrimas, os abafados soluços e, nem mesmo, os pedidos de desculpa por ter escondido que estava esperando um bebê, sendo enxotada do estabelecimento como se fosse portadora de uma doença contagiosa. O proprietário do estabelecimento, com o coração duro feito pedra, não se condoeu de seu estado desesperador.

Soraya, que não conhecia ninguém e nem tinha parentes naquela *selva de pedras,* perambulou por dois dias e, não encontrando apoio, somente olhares frios ou maliciosos por parte dos desocupados, conseguiu alguns donativos com os quais comprou veneno para ratos e partiu do mundo amaldiçoando Helião. A infeliz fora encontrada morta por dois policiais, entre alguns montes de entulhos, num bairro da periferia.

Como um dispositivo programado para arremessar a mente de Elivaldo ao futuro, as imagens agora apresentadas, mostravam um Luiz Hélio trinta anos mais velho.

Devido a alguns crimes, tantos desmandos, perversidades e, dominado pelos vícios, Helião entrou numa falência múltipla, falência nas finanças e na constituição física. O Helião, de agora, era apenas uma sombra daquele homem esperto, forte e violento.

UMA LUZ DENTRO DA NOITE

Ao perceber que não conseguiria mais dirigir sozinho o estabelecimento, aceitou vender parte do Night's Club para Olésio Saturnino que, aproveitando-se da debilidade do sócio, tudo fez para abreviar-lhe os dias. O infeliz Helião, soltando golfadas de sangue pela boca, morreu numa madrugada triste, como aquela em que mandou seus empregados atirarem e, depois, jogarem uma pessoa na linha do trem.

Oviedo e Figueira, Espíritos bondosos e de um elevado grau de espiritualização, impressionaram-se pelos atos de selvageria cometidos pelo pobre Elivaldo Tenório. Somente Deus, o Todo Misericordioso, teria condições de entender, atender e estender suas dadivosas mãos em socorro daquele réprobo.

Ao darem por terminado o trabalho de ajuda a Elivaldo, com uma oração, Figueira olhou para Oviedo e considerou:

— Como eu, ínfima criatura que a bondade do Pai conduz e, constantemente, sustenta, poderia conceber a ideia de que o Olésio Saturnino fosse o velho José Inocêncio?

— A bem da verdade — confirmou Oviedo —, duas forças mantêm as criaturas ligadas umas às outras: **o amor e o ódio.** Felizes os que semearem o amor em seus caminhos!

16

GRATIDÃO

No dia seguinte, Elivaldo Tenório começou a demonstrar uma melhora crescente. Animadíssimo e bem mais encorajado, já procurava conversar, dispondo-se a sair do quarto, caminhar pelos corredores e, até mesmo, querendo sair pelos jardins, pois a viagem mental que fizera ao passado, ajudou-o a superar seus conflitos conscienciais.

Assim que pôde, Oviedo o procurou no quarto e, não o encontrando, perguntou ao enfermeiro, que atendia o leito ao lado:

— Onde se encontra o Elivaldo? Não me diga que ele nos deixou...

E sorrindo, o atencioso enfermeiro explicou:

— Ah, irmão Oviedo, o nosso doentinho já está bem melhor e deve estar andando pelos corredores.

— Isso é muito bom, Osvaldo. É sinal de que sua incursão ao passado lhe fez muitíssimo bem. Vou procurá-lo, quero conversar um pouquinho com ele.

Um minuto após, Oviedo o encontrou conversando com Alcino Figueira numa das salas destinadas a atendimentos de urgência. Ao vê-lo, o abnegado diretor do Amor Fraterno, intimamente feliz, agradeceu ao Pai Celeste pelas bênçãos de todos os dias...

Adentrando, cumprimentou Alcino Figueira, depois estendeu as mãos a Tenório, cumprimentando-o também. Demonstrando imensa alegria pelo largo sorriso estampado no rosto, Domingos de Oviedo pediu licença a Figueira e convidou Elivaldo para um passeio pelos extensos jardins.

O pobre Espírito, agora livre das influenciações nefastas, não sabia o que dizer, tanta era a alegria que lhe bafejava o ser naquele momento. Com o fito de tirá-lo do mutismo em que se encontrava, Oviedo lhe perguntou:

— E, então, Elivaldo, qual a sensação de estar livre daquele estado de apatia e daqueles pensamentos angustiantes?

— Estou me sentindo outro homem; aliás, *um outro Espírito*. Não sei como consegui viver por longos anos, portando aquele tormento... Estou tão feliz, que nem mesmo sei como agradecer a Deus.

Com atenção e delicadeza, Oviedo esclareceu:

— Há um modo de agradecer que o Pai Bondoso aceita e almeja de todas as criaturas: *a nossa integração no caminho do bem*. Agradecimentos com multiplicidades de palavras, com promessas ou, até mesmo, com sacrifícios, não agradam ao Criador. Nada é mais agradável ao Senhor dos Mundos do que a transformação de cada uma de Suas criaturas, transformação nos sentimentos e nas atitudes. Sentimentos que objetivem somente o bem e atitudes, as melhores possíveis em todos os momentos.

Transformar-se para melhor, esse é o melhor modo de agradecer a Deus.

— Meu Deus — comentou Elivaldo Tenório —, quando será que nós, criaturas imperfeitas, entenderemos tudo isso?

— Posso garantir-lhe — explicou Domingos Oviedo —, que esse entendimento não virá de uma só vez a todos. Cada criatura, depois de muito exercitar o amor que o Cristo ensinou ou de muito sofrer pela sua própria incúria, chegará à conclusão de que não existem palavras, em qualquer dicionário, que expressem um agradecimento à altura, pelo tanto que recebemos do Pai Celeste.

— No meu caso, querido irmão, o que devo fazer para mostrar minha gratidão a Deus?

— Trabalhar, reformular os pensamentos, fazer o bem, orar por aqueles que sofrem mais que você, é a melhor maneira. Cada ser que se regenera, assemelha-se ao filho mais velho de um casal: embora pequeno, tem algumas condições de ajudar os mais novos.

Devido ao adiantado das horas, Oviedo o

convidou a voltar ao Amor Fraterno, pois tinha um compromisso inadiável.

Elivaldo estava feliz pelo incentivo e pelas palavras de encorajamento dispensadas pelo bondoso Oviedo. Era um momento de calmaria para ele, pois vivia o contentamento de um náufrago, resgatado após desditosa tormenta.

Voltando à sua sala, o governador de Porto Esperança se deparou com Estefânio, que já estava à sua espera e, de longe, foi desculpando-se pelo atraso.

— Fique tranquilo, irmão Oviedo, cheguei neste momento. Não é necessário se desculpar, pois tenho certeza de que o querido irmão estava ajudando a alguém...

— Na realidade, eu estava dando uma forcinha àquele Espírito enfermo que estava arranchado na casa do José Inocêncio. Já melhorou bastante, mas tem muito que aprender...

— Ótimo, fico feliz em saber! Querido Oviedo, além de atender ao seu chamado, preciso falar sobre o irmão Inocêncio. Gostaria de saber se ele pode voltar ao seu antigo posto, isto é, voltar a integrar a nossa equipe.

— Tranquilamente, querido Estefânio. Numa equipe de trabalhadores, que mostra bons resultados, não se mexe... Mas é justamente sobre os familiares de Inocêncio que gostaria de lhe falar. Junqueira, nosso visitador, esteve ontem comigo e me comunicou que o pobre José Inocêncio está às voltas com um novo obsessor. Deve ser alguém com quem já esteve vinculado em existências passadas e que o encontrou nessas últimas semanas. Gostaria de solicitar ao querido irmão que desse uma passadinha lá esta noite para ajudá-lo.

— Certamente, querido irmão, hoje mesmo passaremos por lá.

Naquela mesma noite, Estefânio e equipe desceram até o querido chão mineiro para visitar José Inocêncio e sua família, desta vez com a presença de Inocêncio, integrante da equipe e filho saudoso daquele casal.

Como informara Junqueira, o obsessor se assenhoreara daquele lar, tornando-o trevoso, pesado e hostil. Aquele ambiente suave e ameno, deixado pelos mentores de Porto Esperança, por ocasião da cirurgia, agora se transformara num agitado mar sob forte neblina. Qualquer palavra, dita sem calma, era motivo para desentendimentos. Como se diz vulgarmente nos dias de hoje: o obsessor estava *deitando e rolando* dentro daquela casa. Gilberto, o filho solteiro, não falava com os pais, e estes o acusavam de vadio, boa vida e ingrato... E o obsessor se divertia com tudo aquilo.

Com a entrada da equipe, o infeliz obsessor se sentiu tolhido, desarmado e quis fugir. No entanto, ao tentar escapulir pelos fundos, foi tolhido em sua tentativa por Medeiros e Inocêncio.

Ao perceber que seria inútil usar de suas artimanhas, começou a blasfemar e a ofender os nobres mensageiros. Estefânio, no entanto, envolveu-o em fluidos anestesiantes e, depois de neutralizar suas forças, a infeliz criatura se aquietou. Aproveitando a oportunidade, o abnegado mensageiro o advertiu:

— Quanto desperdício, hein, meu irmão? Você já sabe que não pertence mais ao mundo terreno e fica perdendo seu precioso tempo, divertindo-se com a fraqueza alheia...

— Quem está perdendo o tempo não sou eu! Eu tenho um objetivo. Se o objetivo de vocês é o de ensinar-me, desistam. Sei quem sou e o porquê de estar aqui.

— Mas o que você ganha em prejudicar essa família?

— Vocês, que vivem como carneirinhos, jamais entenderiam... Estou cobrando uma dívida... Outrora, fui ludibriado; hoje, faço justiça.

— Olhe, meu irmão... Cada cabeça pensa o que quer, todavia, a verdade é uma só: *a vingança nunca foi e jamais será justiça, pois somente o amor pode compensar qualquer prejuízo. O que você me diria se visse um dia a sua família assediada por um malfeitor? Sua mãezinha, por exemplo?*

E a infeliz criatura das trevas, ouvindo a referência à sua mãe, imediatamente pôs-se a chorar. A lembrança do ser que mais idolatrava na vida, fê-lo chorar abundantemente.

Fatos como esse acontecem, amiúde, no relacionamento entre educandos e educadores no Plano Espiritual. O vocábulo mãe desperta, no íntimo de cada criatura, as mais ternas emoções. Não raro, seres abnegados evocam a presença materna, para que, corações, como o do obsessor de José Inocêncio, abrandem-se e repensem suas atitudes equivocadas.

Ao notar que existia um forte amor vinculando mãe e filho, Estefânio o incentivou a rememorar as doces recordações do passado. Agora, com a infeliz criatura mais calma, o nobre mentor espiritual continuou o diálogo:

— Veja bem, meu amigo, o nosso Deus de Amor e Bondade nos criou para vivermos felizes. E ninguém vive feliz, odiando e perseguindo. Se você buscar o passado, através das recordações, verá que os momentos de alegria, de felicidade, estão ausentes dessas recordações, porque a alegria e a felicidade fazem parte do caminho daqueles que amam.

— O amigo está certo. Daquele momento que jurei vingar-me de Olésio Saturnino, nunca mais

tive um momento de paz. Agora, analisando friamente o procedimento do meu ex-patrão, chego à conclusão de que ele não estava errado de tudo. Ele podia ter prejudicado o seu ex-sócio, mas não era meu problema e, quando tentei me dar bem, ele descobriu tudo e me botou atrás das grades, onde fui agredido covardemente. Não resistindo aos ferimentos daquele massacre, libertei-me daquelas malditas grades para entrar na cadeia do ódio, construída por mim mesmo... e quanto me arrependo por isso.

— Querido irmão...?

— Josevaldo... Josevaldo Tobias.

— Eu gostaria de saber, Josevaldo — continuou Estefânio — você, então, está arrependido?

— Sim, estou muito arrependido. Perdi muito tempo vingando-me de alguém que, certamente, já enfrentou tantos dissabores... Deus há de perdoar-me e também de ajudar-me a encontrar a minha adorada mãezinha. Adeus...

17

O AUXÍLIO

Josevaldo Tobias, agora de mentalidade nova, saiu pelos caminhos do mundo em busca do vulto amado de sua santa mãe, numa missão nada fácil, principalmente, se ela já estivesse jungida a um novo corpo e usando novo nome, através da lei dos renascimentos.

E os mensageiros celestes, depois de harmonizarem, através da prece, o ambiente do lar de José Inocêncio, partiram para uma cidadezinha mineira, a fim de levar o reconforto espiritual a outra família.

Ao se aproximarem da aludida casa, a equipe foi recebida por Emília, uma parenta da família que, embora esclarecida, não tinha ainda condições de resolver sozinha os problemas ali existentes.

Tal entidade era avó da dona da casa e, como tinha grande afinidade com a neta, há muito tempo ali estava para prestar a sua ajuda em nome do Criador. Ela mesma, há alguns meses, deslocara-se até Porto Esperança, a fim de pedir auxílio.

Estefânio e sua equipe adentraram a casa e puderam constatar o quanto tinha que ser feito. O dono da casa, homem que ultrapassara os sessenta anos, estava acamado e, por isso, a miséria se instalara portas adentro daquele lar humilde.

Bem diferentes eram as condições espirituais daquela casa, se comparada à de José Inocêncio. Emília, através da neta que lhe era um canal aberto, devido à mediunidade, sugestionava a todos os componentes daquele lar a confiarem em Deus e a fazerem uso constante das orações. Por

UMA LUZ DENTRO DA NOITE

isso, o ambiente, apesar de faltar quase tudo, materialmente falando, apresentava-se harmonioso e cheio de paz.

O chefe da equipe, conversando com Emília, ficou sabendo que Hortêncio sempre teve uma vida regrada e totalmente dedicada à família. Não foi de se entregar a nenhum tipo de vício e, por não ter nenhum estudo, sustentou a família trabalhando como pedreiro. Agora, depois das duras lidas, por meio século de serviços pesados, os esforços contínuos lhe afetaram a coluna cervical.

— O nosso irmão Hortêncio já procurou algum médico terreno? — perguntou Estefânio.

— Um, em especial, não. O Dr. Onofre, do pronto-socorro, foi que o atendeu pela primeira vez. Receitou-lhe relaxantes para aliviar a dor, mas não resolveu. Quinze dias após, Marlene, a minha neta, levou-o de novo ao pronto-socorro e, então, o Dr. Aurélio pediu que se fizesse uma radiografia, sendo constatada a famosa hérnia de disco. Como é uma cirurgia caríssima, e não tendo condições de pagá-la, o pobre vive nessa situação, entrevado no leito.

— Tenhamos fé em Deus, irmã. O Pai Bondoso está sempre presente nas horas dos nossos maiores apuros.

De posse das informações prestadas pela bondosa Emília, Estefânio solicitou à equipe que formasse um círculo em torno do leito de Hortêncio e que orasse fervorosamente a Deus.

Em seguida, aproximou-se do corpo do pobre enfermo, que se mantinha imóvel sobre um colchão velho, rasgado, e começou a prepará-lo para, então, iniciar a cirurgia.

O chefe dos Amigos da Luz fez uma boa massagem ao longo da espinha dorsal de Hortêncio e, apalpando, constatou que um dos núcleos pulposos do disco intervertebral estava rompido, donde o aparecimento da dor insuportável que o pobre homem sentia. Em seguida, introduziu um preparado medicamentoso sobre a ruptura do disco fanado, com a finalidade de repará-lo e, em seguida, impregnou o local de fluidos curadores, doados pela equipe.

Finda a operação, o bondoso mensageiro solicitou a Emília para que, através da intuição, orientasse Marlene, a fim de impedir que o doente se esforçasse, pelo menos, durante uns quinze dias.

No horizonte, os primeiros clarões do sol já riscavam o azul do céu, quando a equipe de Estefânio deixava a humilde cabana, retornando à colônia espiritual. Mais uma missão fora cumprida, com as bênçãos do Senhor.

A divina graça de trabalhar, aliviando as criaturas enfermas, ensejava, a cada componente da equipe, uma sensação de leveza e paz. Uma satisfação que nem todos os seres, presos à vestimenta carnal, têm condições de sentir. Quando o homem terreno liberar-se um pouco mais do "terra a terra" e buscar os valores do Espírito, quem sabe, ao sentir tamanhas bênçãos, avaliará melhor a bondade de Deus.

Enquanto retornavam a Porto Esperança, Inocêncio, lembrando-se do ocorrido na pobre choupana de seus pais, indagou de Estefânio:

— Como pôde o meu querido pai ter cometido atos tão contrários ao que ensinava para nós, os seus filhos?

— Inocêncio, tudo muda com o transcorrer do tempo. O que não muda, tenha certeza disso, são os **Atributos de Deus** e, por esse motivo, Ele continuará sempre sendo o único ser IMUTÁVEL. O seu pai, com toda certeza, entre uma reencarnação e outra, deve ter haurido, nas escolas espirituais, um novo padrão de comportamento que fez questão de passar a vocês. Aliás, esse é o dever de todos os pais terrenos: direcionar os passos dos filhos ao bom caminho.

— Mas, ao reencarnarem, as criaturas não perdem o aprendizado que tiveram no plano espiritual e nas vidas anteriores? Pelo que pude aprender com a Doutrina Espírita, existe o *véu do esquecimento*[12], lançado sobre o passado, para que as criaturas não se compliquem diante das lembranças amargas...

— Sim... A sabedoria de Deus faz com que as criaturas, ao reencarnarem, esqueçam completamente o passado, e cada existência passa a ser uma nova etapa na sua longa caminhada espiritual. O objetivo é permitir que cada ser incorpore o aprendizado à prática e, assim, esse aprendizado passa a fazer parte integrante da individualidade espiritual.

— É... Realmente, eu tenho muito que aprender. Muito obrigado e me desculpe se, às vezes, o importuno...

— Fique sempre à vontade, Inocêncio... Não

---

12. A entidade espiritual refere-se à mensagem "Esquecimento do Passado", de O Evangelho Segundo o Espiritismo, Cap. V, item 11.

tenho tanto conhecimento, mas não me custa nada informar o que sei.

Enquanto isso, no ensejo de um novo amanhecer, os habitantes de Porto Esperança, cientes da necessidade do trabalho e do estudo, movimentavam-se para dar a sua contribuição ao grande concerto da Renovação Humana que, certamente, efetuar-se-á, através do tempo, no recesso de cada lar e no íntimo de cada criatura.

Dias depois, Inocêncio procurou por Elivaldo Tenório nas dependências do Hospital Amor Fraterno. Informado de que o paciente do quarto 26 estava caminhando pelos jardins, procurou-o, pois desejava conhecê-lo e conversar um pouco com ele.

Ao encontrar alguém que suavemente aspirava o aroma de uma flor, parou para conversar:

— Oi! Boa tarde, amigo! Que bom, nossa colônia tem mais um admirador das flores!

— Oh, sim... E também das fragrâncias de todas elas. Tenho certeza de que nem mesmo o mais caro perfume do mundo se compara com a doce suavidade das flores aqui existentes.

— O amigo está certo; as flores do plano espiritual têm maior exuberância, têm mais vida, e mais perfumes... O irmão é novo, aqui, em Porto Esperança?

— Sim, cheguei do mundo terreno há poucas semanas. Eu estava morando, ultimamente, na casa de um ex-rival que, no momento, está usando o nome de José Inocêncio. Fui trazido pela equipe do irmão Estefânio.

— Ah! Então, você foi o sócio do Luiz Hélio, o *José Inocêncio* de agora? — perguntou Inocêncio.

— Eu mesmo, mas você conhece a nossa história?

— Sim. Oviedo me contou por alto...

— Qual é o nome do querido irmão? — perguntou Elivaldo.

— Inocêncio...

— Mas, então, você é o Espírito daquele moço que morreu afogado no açude?

— Sim, eu mesmo...

— Espero que o irmão não me odeie pelo que fiz a sua...

— De maneira alguma — atalhou —, afinal aprendi aqui em Porto Esperança, que ninguém tem tanta **inocência** assim... Nem mesmo nós, *os Inocêncios!*

Inocêncio falou com tanta graça, que os dois Espíritos começaram a rir da pilhéria feita. Olhando um para o outro e, sorrindo ainda, abraçaram-se, dando início a uma grande amizade.

Mesmo depois do fraternal abraço, Inocêncio notou que o amigo não estava se sentindo à vontade com a sua presença e estava mais do que certo em sua dedução.

Elivaldo rememorava o triste dia em que o pobre moço se atrapalhou ao jogar a tarrafa no açude, e ele não deixou de se regozijar com o sofrimento de José Inocêncio e família.

Procurando afastar a intranquilidade do antigo obsessor da família e, agora, amigo do coração, convidou-o para se sentarem em um banco próximo, o que foi aceito por Elivaldo.

— Amigo, eu posso fazer-lhe um pedido?

— Claro que sim, Inocêncio. Mas, por favor, deixe-me pedir perdão ao amigo em primeiro lugar. O irmão me perdoa pelo que fiz à sua família?

Como resposta, Inocêncio o abraçou de novo e o convidou:

— Elivaldo, assim que você for liberado pelo departamento médico, aceitaria morar em nossa casa? Moramos lá, tio Camilo e eu, e existem três quartos. Creio que, tão logo receba alta, vai querer ocupar-se com algum trabalho aqui na colônia, não é mesmo?

— É o que mais desejo! Tenho que retribuir o muito que me foi dado nesta colônia.

— Então, o irmão aceita? — perguntou Inocêncio.

— Sim, mas e o seu tio?

— Fique tranquilo, titio é uma boa alma...

— Sim, eu aceito... de todo o coração.

Assim, acontecimentos desagradáveis do passado, para aqueles que se cristianizam, passam a ter um novo significado: oportunidade de crescimento espiritual.

18

UM SER ESTRANHO

UM POUQUINHO ALÉM DAS VINTE E TRÊS HORAS DE UMA QUINTA-FEIRA, DO MÊS EM QUE SE COmemora o nascimento de Jesus, o Dr. José Bruno atendeu em sua sala o vigilante José Gomide. O pobre foi adentrando, todo afoito, na sala do médico plantonista da noite e, um tanto assustado, foi dizendo:

— Desculpe-me, Dr. José Bruno, se estou incomodando o senhor. Acontece que tem um ser, todo estranho, na área de acesso à colônia e que insiste em falar com o nosso diretor Oviedo. Fiquei tão apavorado e... sem saber o que fazer.

— Onde está esse ser estranho, Gomide?

— Está aguardando na guarita da entrada...

— Vamos até lá, Gomide, creio que já sei o que está acontecendo.

E, sem perda de tempo, Dr. José Bruno se dirigiu até a referida guarita, enquanto Gomide o acompanhava, em silêncio. Quando se aproximavam da guarita, Gomide falou:

— Olha lá, Dr. José, não é uma figura assustadora?

— Calma, Gomide, as aparências enganam. Aquela criatura, por ter chegado até aqui e com um objetivo definido, deve ser alguém que está desempenhando uma missão importante na Terra.

— Perdão, Dr. José, eu não sabia... Cheguei até a pensar mal da criatura e a tratei com frieza...

— Fique tranquilo, Gomide, aquele nobre Espírito pode estar, espiritualmente, tão acima de nós, que jamais se melindraria...

Ao chegarem na portaria, enquanto o Dr. José Bruno se entendia com Victor Vasconcelos, José Gomide, boquiaberto, não pôde deixar de examinar, atentamente, aquela estranha figura. Victor era de estatura normal, pele clara e olhos esverdeados, mas demonstrava uma serenidade ímpar. Gomide, porém, estava encafifado com aquele cordão luminoso que se prendia ao centro coronário daquele ser, mais precisamente na altura da epífise, e que se alongava indefinidamente até perder-se de vista.

Após cientificar-se das razões daquele Espírito estar à procura de Oviedo, Dr. José Bruno pediu que Gomide abrisse a porta da guarita e o deixasse entrar.

Victor Vasconcelos agradeceu a Gomide pelo oferecimento de uma cadeira e aguardou a ida do médico até a residência de Domingos de Oviedo.

Nem foi preciso fazer uso da· campainha, pois Oviedo parecia estar ciente de tudo. E o Dr. José Bruno, assim que Oviedo apareceu à porta, falou:

— Querido Oviedo, desculpe-me se o importuno. O assunto que me traz até a sua presença está muito acima das minhas atribuições...

— Não é preciso se desculpar, José, aqui estamos para servir! Vasconcelos está a minha espera?

— Sim, irmão... E deve ter motivos bem fortes para procurá-lo.

— Vamos até lá, então — prontificou-se Oviedo —, não podemos deixá-lo esperando.

Oviedo recepcionou carinhosamente Victor, prometendo atender ao seu pedido na noite seguinte. Assim, aquele nobre Espírito, embora jungido à matéria, mas com condições de alçar-se às alturas, despediu-se fraternalmente e retornou ao transitório mundo dos homens.

Gomide acompanhou, com os olhos atentos, o afastamento daquele ser, mas em seu íntimo fervilhava aquela curiosidade mórbida em saber o que estaria fazendo uma criatura esquisita como aquela, tão distante da Terra.

Oviedo, percebendo a perplexidade do vigilante e também a justa ansiedade de José Bruno, esclareceu-os, dizendo:

— Enquanto as criaturas da Terra, tão cheias de si, presas a um egoísmo atroz, digladiam-se na busca de melhores condições financeiras e de postos elevados para exercerem o poder mundano, Espíritos abnegados, como o nosso querido Victor, renunciam às moradas felizes da espiritualidade e, anonimamente, descem ao mundo das formas perecíveis para desempenhar missões em favor de tanta gente.

— Irmão Oviedo — perguntou José Gomide —, por que os Espíritos encarnados são ligados àqueles fios luminosos? Eu nunca tinha visto um com tanta luminosidade...

— José, aquele fio luminoso, como você diz, é o cordão fluídico que liga o Espírito ao corpo físico e, quanto mais luminoso for esse cordão, mais evoluído será esse Espírito. Pode ficar tranquilo em seu serviço de vigilância, meu amigo, afinal, um Espírito inferior não chegaria facilmente aqui. Você foi orientado no curso de vigilante e sabe que existem Espíritos devotados ao mal, que são inteligentes e que podem fazer proezas... Mas, jamais um deles poderá transmitir paz e, muito menos, tornarem-se iluminados!

No dia seguinte, pela tarde, Oviedo conversou com Estefânio e lhe contou que Vasconcelos, um nobre Espírito, viera solicitar os préstimos da equipe em favor de Laureane, sua esposa, que definhava, aos poucos, num leito de hospital.

O chefe dos Amigos da Luz, interessado em saber mais sobre o Espírito, perguntou:

— O que podemos nós, pequenos servidores de Jesus, fazer em favor de tão nobre missionário?

— O nobre missionário, como você disse, está enfrentando um grande desafio, portas adentro do lar. Sua senhora está com um edema pulmonar, e a Medicina terrena lhe deu poucos meses de vida. Tendo dois filhos, ainda adolescentes, e uma grande missão a desempenhar no mundo, no campo mediúnico, resolveu vir pedir auxílio em favor da esposa doente.

— Quando deveremos descer para ajudar a nossa querida Laureane Vasconcelos?

— Hoje mesmo!

— Deixe por nossa conta, querido Oviedo. Eu e meus companheiros nos empenharemos ao máximo para que esse atendimento extra não interfira no que já está programado e que nenhum dos nossos doentes seja prejudicado.

— Obrigado, Estefânio, Deus há de abençoá-los por tanta dedicação.

Naquela noite, os **Amigos da Luz** desceram a uma pequena cidade do interior paulista para ajudar Laureane M. Vasconcelos. O relógio da igreja matriz marcava duas horas além da meia-noite e apenas pouquíssimos habitantes se mantinham acordados, por força de alguns serviços emergenciais.

Na residência de Victor Vasconcelos, os filhos Reynaldo e Eliane dormiam profundamente, por terem passado a noite anterior em vigília junto à mãe no único hospital da cidade. Estefânio e equipe aproveitaram a paz reinante naquele lar e, através do passe, aplicaram energias sobre os centros de força dos dois, suavizando-lhes a ansiedade que fustigava os seus pensamentos angustiantes, devido à doença da mãe.

Depois, em atendimento ao pedido de Oviedo, dirigiram-se ao hospital para levar o que tinham de melhor em favor da esposa de Victor Vasconcelos. Aquele pequeno quarto de hospital mais parecia uma moderna UTI, não pela aparelhagem do hospital, mas pelos aparelhos que o Plano Espiritual instalara com a finalidade de ajudar a mãezinha de Reynaldo e Eliane.

Estefânio e sua equipe observaram, através da aparelhagem trazida e instalada pelos abnegados Técnicos do Espaço, que Laureane dormia tranquila e sem dor, mas usando oxigênio através da aparelhagem terrestre. Victor, pelo esforço físico de quase uma semana, cochilava em uma cadeira, ao lado do leito da companheira de tantos anos.

Mas, a um leve toque de Estefânio sobre seus ombros, este se desprendeu do corpo cansado e se mostrou como realmente era: um Espírito com uma lucidez incrível e disposto a cooperar com os caravaneiros na ajuda à esposa querida.

Formando um círculo em torno do leito da enferma, os abnegados mensageiros de Jesus aplicaram fluidos revitalizantes, através do passe, sobre os seus centros de forças, desde o básico até o coronário e, em seguida, começaram a cirurgia propriamente dita.

Laureane Vasconcelos sempre esteve envolta com problemas respiratórios, mas agora, pelo acúmulo anormal de líquidos nos tecidos pulmonares, teve que ser internada com urgência para tratamento de um edema. Numa pequena cidade do interior, num hospital carente de recursos técnicos e profissionais e, diante de um quadro complexo, a Medicina terrena se viu de mãos atadas e a *de-*

senganaram, como se diz vulgarmente. No entanto, quando os efêmeros recursos mundanos se tornam ineficientes, mas havendo merecimento, o Divino Doador da Vida, em seu inesgotável amor, ampara e protege sempre.

Estefânio, assessorado pelas orações e fluidos de sua equipe, sugou, com um minúsculo instrumento cirúrgico, o líquido existente na porção intersticial e, em seguida, num processo desconhecido no mundo terreno, injetou um líquido incolor, impermeabilizando o local, deixando, assim, a querida enferma livre daquele edema. Assim, o caso foi solucionado, e Laureane M. Vasconcelos, depois de alguns dias, poderia voltar para casa, esquecendo-se do *curto prazo de vida que os médicos terrenos lhe deram*, continuando sua vida ao lado dos filhos e do esposo querido.

Pelo lado de fora, o telhado do pequeno hospital já se encontrava todo iluminado pelos raios do sol. Mas, dentro do pequeno quarto de Laureane, a luz existente pouco devia, em intensidade, aos raios do amigo Sol... Doce e inefável paz se instalou na mente de Estefânio e da equipe, pelo *dever cumprido com desvelado amor;* e na de Vasconcelos, *pela certeza de que o Excelso Pai não desampara a ninguém...*

Vasconcelos, com os olhos rasos d'água, abraçou Estefânio, toda a equipe e depois pediu permissão para orar a Deus, agradecendo por tamanha bênção. O chefe dos caravaneiros assentiu, prazerosamente, e, então, aquele nobre Espírito endereçou aos céus a sua fervorosa oração:

Senhor Deus!

Reconhecemo-nos endividados diante do Vosso amor, da Vossa bondade e misericórdia, pois sempre nos atendeis. Obrigado, Pai Celeste, pela ajuda nesta noite... É o coração de um esposo e pai que, enternecidamente, Vos agradece.

Dai-nos, Amantíssimo Pai, forças para continuarmos semeando o bem onde estivermos, pois só assim poderemos Vos agradecer pelo muito que temos recebido do Vosso imenso amor.

Hoje, minha querida esposa recebeu a Divina Luz, através do Vosso amor e bondade, Luz que se fará Sol em seus futuros dias... E eu, o menor dos Vossos servos, muito Vos agradeço por isso.

Obrigado Pai, muito obrigado...

E, o querido Victor Vasconcelos, apesar de ser um estagiário do mundo terreno, fez os *caravaneiros* chorarem de emoção, por reconhecerem em Deus a **Fonte Divina do Amor**.

EPÍLOGO

Passavam alguns minutos das sete da manhã, quando a caravana dos **Amigos da Luz** chegava em Porto Esperança. Uma movimentação contínua e inabitual se fazia sentir por toda parte. Espíritos de todos os departamentos se dirigiam, apressados, para os lados do Salão Music'Arte.

A equipe, depois de tantas horas de amor e dedicação no mundo dos homens, distantes do ambiente ameno de Porto Esperança, estava exausta, porém não deixara de ter uma pontinha de curiosidade em saber o que estava acontecendo...

EPÍLOGO

Então, à aproximação de Antunes, Estefânio lhe perguntou:

— O que está acontecendo, querido Antunes?

E o auxiliar de Alcino Figueira esclareceu:

— Às oito e trinta, haverá uma homenagem à nossa querida Maria de Lucena que, pelo que ouvi dizer, deverá transferir-se de Porto Esperança a uma outra colônia, a fim de desempenhar uma importante missão.

— Obrigado pela informação, Antunes! Se a nossa querida diretora vai nos deixar, nada mais justo que tenha uma festa de despedida. Maria de Lucena merece ser homenageada.

Depois, olhando para os companheiros de equipe, agradeceu-lhes pelo empenho na missão da noite e lhes endereçou o amável convite:

— Obrigado, muito obrigado, queridos irmãos, pela tarefa executada hoje. Estão dispensados, porém, os que quiserem participar da justa homenagem a Maria de Lucena, terão que se apressar.

Somente teremos tempo suficiente para um ligeiro banho e um leve desjejum.

No horário previsto para o grande acontecimento, o referido salão estava repleto, e a maior parte dos habitantes, excetuando-se os trabalhadores dos serviços de emergência, estava presente para homenagear a nobre entidade.

Com a chegada de Oviedo e Maria de Lucena, os presentes se levantaram em sinal de profundo respeito. Oviedo e Maria estavam acompanhados por duas entidades espirituais que, através de ligeira observação, a seleta assembleia pôde constatar que eram dois seres de uma elevada hierarquia espiritual.

Oviedo, com um carinhoso sorriso, fez sinal para que todos se sentassem e, em seguida, apresentou as entidades ali presentes:

— Irmãos queridos, encontramos-nos muito felizes nesta oportunidade. Felizes por estarmos participando desta solenidade em que vamos homenagear uma irmã tão querida e felizes também

EPÍLOGO

por estarmos recebendo em Porto Esperança a visita do irmão Ildefonso e Ramiro. Como vocês bem podem perceber pela agradável sensação de paz e harmonia que os irmãos transmitem, devemos informar-lhes de que os queridos Ramiro e Ildefonso são habitantes de um plano espiritual bem distante de nós.

A plateia, atenta, mantinha-se silenciosa e, a maioria, embevecida pela presença de tão dignos Obreiros do Senhor.

Feita a apresentação, Oviedo, referindo-se a Maria de Lucena, esclareceu:

— Estamos, hoje, nesta casa que sempre nos tem acolhido em momentos de elevação espiritual, para agradecer a essa valorosa amiga que, por mais de cem anos, tem dado a sua valiosa cooperação em favor de todos os necessitados e muito tem engrandecido a nossa querida Porto Esperança. Obedecendo aos anseios do amor que transborda do âmago de sua alma, ao conhecimento adquirido através dos tempos e também ao seu desejo de servir ao Pai Celeste, Maria de Lucena aceitou a nobre missão de comandar uma *equipe de evangelizadores* que deverão descer nos próximos decênios à face da Terra. Para isso, terá de ausentar-se e deixar o nosso convívio.

E o abnegado Domingos de Oviedo expôs em simples palavras, mas todas carregadas de forte emoção, a missão grandiosa que Maria de Lucena iria desempenhar em prol do mundo dos homens. Ao terminar a sua breve exposição, o benemérito mensageiro de Porto Esperança tinha os olhos orvalhados por copiosas lágrimas:

— Maria de Lucena — continuou —, tão logo passe suas atribuições ao abnegado irmão Euzébio, irá nos deixar e, em companhia de Ildefonso e Ramiro, seguirá para a cidade de Estância da Paz onde, sob o carinho de instrutores especializados, preparar-se-á para comandar alguns milhares de Espíritos evangelizadores que se desdobrarão em intensa atividade, a fim de levar o Evangelho de Jesus às criaturas do mundo, ainda no milênio em curso. O intuito de toda a equipe envolvida nessa nobre missão é evangelizar as criaturas no solo do mundo, enquanto encarnadas, para que, num futuro próximo, não haja mais necessidade de preocupar-se com obsediados e obsessores. Esse maravilhoso trabalho

EPÍLOGO

fará com que as conhecidas *Reuniões de Desobsessão* sejam transformadas em *Reuniões de Estudos* e para que até mesmo as zonas escuras do umbral se tornem mais amenas. É da vontade do Pai Celeste que todas as criaturas se evangelizem o máximo possível, enquanto encarnadas, a fim de que seja aumentada a proporção dos beneficiados pela promessa de Jesus: BEM-AVENTURADOS AQUELES QUE SÃO BRANDOS E PACÍFICOS, PORQUE ELES HERDARÃO A TERRA!

Em seguida, Oviedo passou a palavra a Maria de Lucena que, agradecendo comovida, orou fervorosamente:

Senhor Deus, querido Criador do Universo. Ainda ontem, lutávamos para vencer as nossas próprias imperfeições; hoje, o Teu imenso amor que sempre nos cobre de bênçãos, acena-nos com uma nova oportunidade de crescimento.

Dá-nos, ó Pai Amado, as forças necessárias para que não sucumbamos diante do grande desafio! Que possamos ver o mundo como uma escola necessitada de lições práti-

cas, pois que as teóricas, até a presente data, não surtiram os efeitos desejados...

Que o Teu Evangelho possa ser disseminado com amor de um extremo ao outro do Universo e que os Teus filhos, ao incorporá-lo em suas vivências diárias, possam tornar-se criaturas melhores, mais conscientes, mais felizes...

Senhor, abençoa a todos os Seareiros que irão engajar-se no processo de Evangelização da Terra, para que os frutos dessa bendita semeadura sejam profícuos e duradouros. Que um dia, Senhor, possamos olhar o mundo e vê-lo mudado. Não mais o mundo dos "poderosos", mas sim, dos espiritualizados...

Que o Teu amor e a Tua paz, Senhor, sejam sempre notas de alegrias na canção de um Mundo Novo!

Que assim seja, Senhor!

Ao findar aquela belíssima reunião, todos os participantes saíram do grande salão, encorajados e felizes. Não só pelo ânimo que a maravilhosa prece de Maria de Lucena gerou, mas pela certeza de que

EPÍLOGO

cada criatura recebe, em qualquer parte do mundo, aquilo que dá em favor de seus semelhantes.

Semelhante a uma rosa de pétalas aveludadas, Maria de Lucena deixou Porto Esperança dois dias após, porém levou consigo o perfume do amor a ser espalhado em favor de quantos tiverem no futuro, a felicidade de merecer a sua doce presença!

No ano de 1963, Francisco Cândido Xavier ofereceu a um grupo de voluntários, o entusiasmo e a tarefa de fundarem um Anuário Espírita. Nascia, então, o Instituto de Difusão Espírita - IDE, cujo nome e sigla foram também sugeridos por ele.

A partir daí, muitos títulos foram sendo editados e o Instituto de Difusão Espírita, entidade assistencial, sem fins lucrativos, se mantém fiel à sua finalidade de divulgar a Doutrina Espírita através da IDE Editora, tendo como foco principal, as Obras Básicas da Codificação, sempre a preços populares, além dos seus mais de 300 títulos em português e espanhol, muitos psicografados por Chico Xavier

O Instituto de Difusão Espírita, conta, também, com outras frentes de trabalho, voltadas à assistência e promoção social, como o Albergue Noturno, evangelização, alfabetização, orientação para mães e gestantes, oficinas de enxovais para recém-nascidos, entrega de leite em pó, vestuário e cestas básicas, assistência médica, farmacêutica, odontológica, tudo gratuitamente.

Este e outros livros da **IDE Editora**, subsidiam a manutenção do baixíssimo preço das **Obras Básicas, de Allan Kardec**, mais notadamente, "O Evangelho Segundo o Espiritismo", edição econômica.

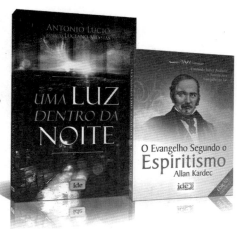

Conheça mais sobre a Doutrina Espírita através das obras de **Allan Kardec**

www.ideeditora.com.br

O Encontro dos Oito
Antonio Lúcio
Espírito - Luciano Messias

Oito Espíritos que, quando encarnados, em particulares momentos de extremo desespero, perdem o controle de suas emoções, atentando contra a própria existência, sem acreditarem na continuidade da vida e nas consequências de tal ato.

E no plano espiritual, como consequência inevitável, longo tempo de sofrimento e revolta, até que o arrependimento puro e sincero os leva a um resgate por socorristas do Hospital Maria de Nazaré.

E após árduo período de recuperação, um proveitoso encontro e a esperança de novas oportunidades.

Ninguém foge de si mesmo
Lourdes Carolina Gagete

ASSIM QUE ABRIU OS OLHOS, sua esperança de que tudo acabaria desapareceu. As dores que sentia eram ainda maiores, seu choro era compulsivo, e a angústia que estava em seu peito se multiplicou algumas vezes. O remorso pelo que havia feito ainda assombrava a sua consciência. Como fora capaz disso? Esfregava suas mãos em seu corpo, em seus braços, em seu rosto, como se tentasse arrancar a própria vida de sua morte. A confusão em sua mente crescia instante após instante e, à medida que tentava encontrar refúgio em meio ao caos onde se encontrava, sentia-se cada vez menor, mais abandonada e sozinha. Não havia onde pudesse se segurar ou se socorrer.

Cecília, só queria morrer... De novo...

ISBN: 978-85-7341-532-2 | *Romance*
Páginas: 224 | **Formato:** 14 x 21 cm

ISBN: 978-85-7341-581-0 | *Romance*
Páginas: 320 | **Formato:** 14 x 21 cm

Alguém tem que perdoar
Ismael Biaggio

Eu via um homem sentado num banco da praça. Todos os dias... Completamente calado.
Um silêncio a esconder uma história. Um drama muito maior do que eu poderia supor. Mais intenso do que eu poderia imaginar. Vidas e mortes... Anos e décadas... Famílias e paixões... Segredos e traições... Tudo costurado com a linha do resgate que, através do perdão, excede o tempo e o espaço e pode aproximar, novamente, corações afastados pela dor.
Durante a Segunda Guerra Mundial, enquanto Adolf Hitler lutava para conquistar o mundo, os judeus eram perseguidos e massacrados nos campos de concentração. Na Europa, que mergulhava num vórtice de sofrimento e morte, um jovem padre vai à Itália para ajudar os soldados em combate e, em meio a tão violenta batalha, encontra o amor de sua vida, mas logo se vê obrigado a voltar para o Brasil, a fim de tentar curar o ódio no seio de sua família.
Tomando conhecimento dessa história, vi-me imediatamente envolvido por ela. Foi quando, finalmente, percebi que muito havia a ser desvendado.
E, agora, vou contá-la a você!

ISBN: 978-85-7341-586-5 | *Romance*
Páginas: 320 | **Formato:** 14 x 21 cm

Somente um Anjo...
Telma Magalhães

Sul do Brasil, 1848.
As lágrimas nos olhos claros da pequena menina, sozinha naquela fria manhã, perdida e com medo, fizeram com que o coração de uma senhora experimentasse a sensação mais pura e profunda que jamais sentira. Observando mais a criança, pôde perceber a tristeza e a agonia em seu olhar aflito, mas resignado.
Isso porque as intenções perturbadas de um tio, que deveria ser o protetor da pequena Sophia, transformaram-no em seu maior algoz, expondo-a a todo tipo de dor e humilhação que alguém seria capaz de suportar.
Foi naquela sociedade machista e opressora do século XIX que Melca aprendeu, com a jovem Sophia, a lutar para sobreviver, mantendo a dignidade e aquecendo o coração das pessoas que as cercavam, oferecendo, até mesmo aos seus agressores, compreensão, auxílio e amor.
Lições de vida através do olhar singelo, suave e iluminado daquele anjo... Um anjo... Somente um anjo...

ISBN: 978-85-7341-578-0 | *Romance*
Páginas: 288 | **Formato:** 16 x 23 cm

Companheiro
Chico Xavier | Emmanuel

Mãos Unidas
Chico Xavier | Emmanuel

Há muita gente que te ignora. Entretanto, Deus te conhece. Há quem te veja doente. Deus porém, te guarda a saúde. Companheiros existem que te reprovam. Mas Deus te abençoa. Surge quem te apedreje. Deus, no entanto, te abraça. Há quem te enxergue caindo em tentação. Deus, porém, sabe quanto resistes. Aparece quem te abandona. Entretanto, Deus te recolhe. Há quem te prejudique. Mas Deus te aumenta os recursos. Surge quem te faça chorar. Deus, porém, te consola. Há quem te considere no erro. Mas Deus te vê de outro modo. Seja qual for a dificuldade, faze o bem e entrega-te a Deus.

De forma clara e objetiva, Emmanuel, através da mediunidade de Francisco Cândido Xavier, encoraja-nos a busca pelo crescimento espiritual.

Como conhecedor das dificuldades e aflições que vivemos, Emmanuel nos fala como se conhecesse cada um de nós em particular e nos convida a vivenciarmos os ensinamentos do Mestre, através da ação do trabalho, sempre de Mãos Unidas, uns com os outros, pois só assim atingiremos o elevado objetivo a que todos estamos destinados.

"...em qualquer dificuldades e males, procura a prática do bem e, na lavoura incessante do bem, busca transpor obstáculo a obstáculo, na certeza de que assim liquidarás problema a problema. Isso porque servir e esquecer serão sempre as bases da harmonia e da elevação."

ISBN: 978-85-7341-585-8 | *Mensagens*
Páginas: 160 | **Formato:** 14 x 21 cm

ISBN: 978-85-7341-229-1 | *Mensagens*
Páginas: 160 | **Formato:** 14 x 21 cm

ideeditora.com.br

Acesse e cadastre-se para receber
informações sobre nossos lançamentos.

twitter.com/ideeditora
facebook.com/ide.editora
editorial@ideeditora.com.br

ide

IDE EDITORA É APENAS UM NOME FANTASIA UTILIZADO PELO INSTITUTO DE DIFUSÃO ESPÍRITA, ENTIDADE SEM FINS LUCRATIVOS, QUE PROMOVE EXTENSO PROGRAMA DE ASSISTÊNCIA SOCIAL, E QUE DETÉM OS DIREITOS AUTORAIS DESTA OBRA.